こころとからだを元気にする

新版 果実とハーブの

お酒とシロップ
ジャムとお茶とコンポート

　季節の果物で作るジャムは、フレッシュな香りと風味がぎゅっと凝縮された果物そのものの味がして、「ジャムってこんなにおいしいものだったんだ」と感動する味わいです。ジャムやコンポートを煮るときの、台所に広がる甘い香りは、こころをわくわくさせてくれます。学校から帰って来た息子は、「何を作ってるの？」とランドセルを置くと、スプーンにひと匙、真剣な表情で味見して「うまい♪」。パンに塗って頬張っています。じょうずにできた桃のコンポートが、朝、ケンカしたままになっていた夫との会話のきっかけを作ってくれたり、ブルーベリーのジャムがたくさんできたときには、小さな瓶に入れてご近所におすそわけをしたり。手作りのジャムは、人と人との関係を温かくつないでくれる、すばらしい力を秘めているように思います。近くのママ友たちや、ときには少し遠くに住む友人たちをお招きして、アフタヌーンティを気軽に楽しむことができるのも、ジャムの威力です（p120）。スマホを使えば簡単に連絡を取り合えますが、香りのよいお茶をいれて、季節の果実のおいしいジャムをみんなでいっしょに楽しむ。そんなささやかなお茶の時間が、家庭の、地域の、そしておおげさかもしれませんが、世界の平和へとつながっていくのではないかと思います。

田端永子

目次

索引

お茶

 コンポート

 酢

砂糖漬け

こころとからだを元気にする

[甘い砂糖の力]

昼間、仕事や運動や勉強をしていて、「あー疲れた！」と思ったとき、甘いものを食べると、ぱっと元気が出てくるのを感じます。これは、砂糖の中のブドウ糖が、血液中に吸収されて脳のエネルギーとなるからです。また日常の暮らしの中で、私たちが集中力や忍耐力を維持するためには、血液中に適度な糖濃度がキープされていることが必要です。わけもなくイライラして、ついつい怒ってしまったりするときには、糖の濃度が下がってしまっているのかもしれません。さらに、ブドウ糖を脳に供給することによって、記憶力が増大するともいわれています。

夜眠りにつくまえに、甘いものを少し食べると、安心してぐっすり眠ることができます。それは、砂糖がセロトニンという、こころを安定させる神経伝達物質を分泌しやすくする働きをするからなのだそうです。そうして一晩ぐっすり眠ると、疲れが取れて、心身ともにリフレッシュされることを、私たちは体験的に知っています。熟睡のあとには、こころも身体もじゅうぶんに癒され、新しい1日に向かっていこうとする気力がわいてきます。いっぽう、睡眠が不足すると、眠ってはならないときにも容赦なく眠気が襲ってきます。私たちの大脳は、睡眠によって定期的に休ませてやらなければオーバーヒートし、ダウンしてしまうのです。

朝食で、トーストやヨーグルトに添えるスプーン1杯の甘いジャムは、1日を元気にスタートさせる活力につながります。就寝中に消費されてしまっていた糖分を補って、脳にエネルギーを与える役割を果たしてくれるからです。大脳はブドウ糖をどんどん取り入れて、それを燃やしてエネルギーとして消費しながら、私たちが何かを考えたり、感じたり、言葉を話したり、記憶したりという膨大な量の情報を処理します。

本書『果実とハーブのお酒とシロップ ジャムとお茶とコンポート』では、そうして私たちが生きていること自体を支えてくれる、安心で安全な手作りの甘い保存食の数々をご紹介しています。家族みんながいつも笑顔て楽しく過ごせるように、砂糖のもつ力をじょうずに活用し、砂糖の力を毎日の暮らしの中に効果的に取り入れる「定番」となってくれるレシピを厳選しました。新鮮な果実とハーブに砂糖を加えて作る甘いジャムやシロップ、コンポートやお茶やお酒は、おいしさという点でも、日々の暮らしをより豊かで楽しいものにしてくれるはずです。

旬の果物とハーブの力

旬の果物は、そのまま食べてもとびっきりおいしく、香りも栄養価も抜群です。そんな旬の時期を逃さずに、季節の果物やハーブで甘い保存食を作るのはとても楽しい台所仕事です。「旬」といえば、その果物がたくさん出まわる時期が「旬」にあたりますが、本来の「旬」と、市場に多く出まわる時期が一致していない場合もあります。たとえば、年々、出まわる時期が早くなるように感じられる「いちご」は、11月半ば頃から出始めて、2月～3月頃にはスーパーの売り場にたくさん並びます。いっぽう露地栽培では、いちごは3月～4月に小さな白い花を咲かせ、5月～6月が実を収穫できる時期です。フランスで食べた露地栽培のいちごは、甘味と酸味がしっかり感じられておいしいものでした。

果実の中には、市場には流通しにくいものもあります。そのひとつ、「やまもも」は、庭木や街路樹として親しまれていますが、やまももの実をスーパーなどで見ることは、まずありません。やまもものやわらかな実は、きわめて傷みやすく、旬の時期はちょうど梅雨の頃のほんの短い期間なので、一般の流通には適さないそうです。主に徳島県や高知県などの特産品で、高級料理屋さんなどで、やまももの実が使われるようです。「ラズベリー」「クランベリー」など、生の果実が日本ではあまり出まわらないものは、年間を通して販売されている冷凍品を活用するのが便利です。

初夏は、いろいろな果物がたくさん出まわる季節です。佐藤錦をはじめとする国産の「さくらんぼ」が出まわるのは6月。それより少し早く見かけるのはカリフォルニア産のアメリカンチェリー。6月～7月頃に多く出まわるのは、ワシントン州やオレゴン州産のアメリカンチェリーだそうです。5月～6月には、「びわ」。「梅」は6月。6月～7月には、「あんず」が出まわります。あんずは、スーパーや果物屋の店頭に並ぶ期間が短くて、よっぽど気をつけていなくてはタイミングを逃し、来年まで待つことになってしまいます。「プラム」は7月が旬。「桃」は山梨、福島を主な産地とし、品種によって幅がありますが、7月下旬～8月にいちばんおいしい時期を迎える品種が多い夏の果物です。「ブルーベリー」も品種によって

6月に早く実るもの、9月に遅く実るものと、いろいろですが、6月～9月頃までが収穫の時期です

8月～9月になると、巨峰、ピオーネ、シャインマスカット、ステューベン等々、いろんな品種の「ぶどう」が次々に登場し、それぞれのおいしさを競います。「くり」は9月。ラ・フランスなどの「洋梨」は10月に収穫し、追熟させて、11月～12月に食べ頃を迎えます。初夏の庭で、ぱっと目を引く朱色の花を咲かせる「ざくろ」は、夏の終わりから秋口にルビーのような実をならせます。9月～11月に高級スーパー等に出まわるざくろの実は、ほとんどがアメリカからの輸入品です。

紅玉がおいしい時期は10月。しっかりとした甘酸っぱさが魅力の「りんご」です。りんごの品種はたくさんあり、真夏以外は、通年、流通しています。マーマレードを作るのに必要な柑橘類も、ほとんど通年、手に入ります。「ゆず」は12月。「きんかん」は12月～2月。「いよかん」は2月。そして3月～11月までの間は、国産、アメリカ産のネーブルオレンジやバレンシアオレンジが出まわります。風邪を引いたときに喉に効く「かりん」は10月～12月。庭のフェイジョアの木の実が色づくのは、11月～12月半ばの初冬に近い頃です。

ハーブの女王「カモミール」の、りんごに似た香りのする花の時期は5月～9月。生花を使ったフレッシュカモミールティは、この期間限定のお楽しみです。いろんな香りのゼラニウムがある中で、5月～7月に咲く「ローズゼラニウム」の花はとてもいい香り！本家「バラ」の花も、5月と10月の年2回、花の季節にジャムやシロップを作るために無農薬で栽培します。ローズマリーは常緑なので通年、いつでも葉を使えます。6月～7月中旬にかけて、梅干しを漬ける季節になると、八百屋さんの店先に「赤しそ」を束ねたものが、どっさり置かれます。夏バテ防止に頼もしい、しそシロップは、赤しそが出まわる時期を逃さずに、毎年、作りたい定番シロップです。こうして旬の時期を気にかけながら、果実とハーブを材料に保存食作りを楽しんでいると、刻々と変化してゆく季節の移り変わりを実感します。

いろいろな砂糖

〔 三温糖 〕

上白糖を作ったあとの残りの液を「三度煮つ
めて」作ったことから、三温糖と呼ばれます。
茶色がかった色は、何度も加熱する過程で、
カラメル成分ができた結果。上白糖に比べて
純度が低い分、独特の風味があり、ジャムや
果実酒より、煮物などの料理に向きます。

〔 カソナード糖 〕

さとうきび 100 パーセントのフラ
ンスのブラウンシュガー。自然のミ
ネラルをほどよく残して精製されて
いるので、ジャムに使うと、果物の
味をいかしながらも素直なコクが加
わって、とてもおいしいです。

〔 氷砂糖 〕

グラニュー糖をとかした砂糖液を、無色透明
になるまで濾過し、その砂糖液から、じっく
りと時間をかけて結晶させた純度の高い砂糖
の結晶が氷砂糖。ゆっくりとけてゆく性質が、
果実酒やシロップ作りにいかされます。

［　グラニュー糖　］

白砂糖は、さとうきびを精製して不純物を
取りのぞき、砂糖の結晶を取り出して作ら
れます。その中でも結晶の大きさが上白
糖よりも少し大きく、さらさらしたグラ
ニュー糖は、雑味のないすっきりとした甘
さが、果実の味をそのままいかしたいジャ
ムやシロップ作りにぴったり。

［　黒砂糖　］

さとうきびのしぼり汁をそのま
ま煮つめて作られるので、カリ
ウムやカルシウム、マグネシウ
ムなどのミネラルが豊富。独特
のコクは、黒砂糖の強い風味を
効かせたい、しょうがのシロッ
プなどに向きます。

［　きび砂糖　］

精製途中の砂糖液を煮つめて作
られます。さとうきびの風味と
ミネラルがほどよくいかされて
いるので、ジャムやシロップに、
適度のコクを加えたいときに使
います。

果実とハーブの**お酒**

果実酒とハーブのお酒に使うアルコールの種類

● ホワイトリカー

果実酒やハーブのお酒作りには、ホワイトリカーが最適です。アルコール度数が35度あり、無味無臭なので、果実やハーブの味や香りを引き出し、じゅうぶんにいかします。果実酒はカビたり傷んだりしないよう、35度以上のアルコール度数が必要です。

● 泡盛

米を黒麹で発酵させた蒸留酒で、沖縄県特産の焼酎。アルコール度数は25～45度。

● ウォッカ

アルコール度数は40度、ロシアなどで作られている無味無臭の蒸留酒です。

● スピリタス

アルコール度数が96度もある、ポーランドの蒸留酒。度数が高く引火しやすいので火気厳禁。

果実酒とハーブのお酒に使う砂糖

果実酒に使う砂糖は、ゆっくりとける氷砂糖が最適です。氷砂糖がゆっくりとけて、保存瓶の中の液体の濃度が濃くなるにつれて、果実の内部にしみ込んでいたホワイトリカーは、果汁とともに外に引き出されます。果実の細胞膜の内側と外側で、液体の濃度の低い方から高い方へと液体が移動する浸透圧の働きです。また、氷砂糖は純度が高く雑味がないので、果実やハーブの味や香りをいかします。果汁が出やすいベリー類には、グラニュー糖も適します。

果実酒とハーブのお酒の保存

果実酒やハーブのお酒は、直射日光のあたらない、冷暗所で保存します。1年以内に飲みきるなら、キッチンに置いて、保存瓶の中の果実やハーブのきれいな色を眺めて楽しむのもよいものです。漬けた果実やハーブの種類によっては、そのままにしておくと、お酒がにごったり、苦みが出たりすることがあるので、取りのぞくタイミングを逃さないよう、ご注意。

果実とハーブの シロップ

シロップに使う砂糖

果実のシロップには、果実の味や香りをいかすグラニュー糖や氷砂糖が適します。砂糖のかわりに、はちみつを使っても、とろりと滋味豊かなシロップができあがります。しょうがなど、香りの強い素材には、きび砂糖や黒砂糖などの風味を効かせてもおいしいです。

シロップの保存

季節にもよりますが、シロップは冷蔵庫で保存して、新鮮なうちに早めに飲みきるほうがおいしく、安心です。

果実の コンポート

果物を砂糖のシロップで煮る

コンポートとは、果物を砂糖のシロップで煮た「甘煮」です。濃い砂糖のシロップで果物を煮て、シロップの中で保存することによって、腐敗菌が増殖しにくくなり、保存性が高まります。ほどよく熟した新鮮な果物で作ったコンポートは、果物の味と香りをぎゅっと凝縮したような素敵な味わいです。よく冷やして、アイスクリームやヨーグルトを添えると、最高のデザートに。果実をたくさん収穫したとき、生で食べきれないほどたくさん果物をいただいたとき、また、生で食べるには熟れ方が未熟な果物の調理法としても、コンポートはとても便利です。

ハーブの お茶

ハーブティの効用

ハーブは、遠い昔、人類の歴史が始まった頃から、薬草としてさまざまな治療に使われてきました。ほっと癒される香りの効果と、飲んで吸収される薬効成分。その両方がハーブティの効用です。こころとからだの健康に、やさしくおだやかに働きかける身近なハーブのお茶です。

フレッシュハーブティとドライハーブティ

ハーブティには、摘みたてのフレッシュハーブと乾燥させたドライハーブの両方が利用できます。ハーブは、ベランダや庭で簡単に栽培できるので、季節ごとに摘みたての、とびきり新鮮なハーブの香りと味を楽しめます。もちろん無農薬で育てましょう。本書では、身近で育てやすいハーブを選んで、フレッシュなハーブのお茶をご紹介しています。ドライハーブは、オーガニックのものを選んで購入し、高温多湿を避けて保存すれば、いつでもハーブティを楽しめて便利です。

果実とハーブの ジャム

ジャムとは？

ジャムとは、果物の果肉や果汁に砂糖を加えて煮つめた保存食です。英語の jam には、「押しつぶす、ぎっしりつまる」という意味がありますが、果物を煮つめて瓶に保存するジャムには、まさにそんな言葉のニュアンスが感じられます。

ジャムの中で、レモンやオレンジなどの柑橘類の皮もいっしょに煮たものをマーマレード、果汁を煮つめて透明に仕上げたものをジェリーと呼びます。また、果肉の原型を比較的とどめたものはプレザーブと呼ばれます。いちごやあんずに砂糖を加えて、とろりとゆるめに仕上げたものをソースと呼び、ヨーグルトや豚肉料理に添えます。フランス語では、ジャムはコンフィチュール、ジェリーはジュレ。なんとなく、おしゃれな感じに響きますね。

おいしいジャムを作る 5 つのポイント

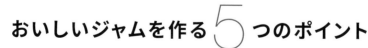

1 煮るまえに果物に砂糖をまぶしておく

果物でジャムを作るとき、果物と砂糖を合わせていきなり煮るのではなく、あらかじめ砂糖を果物にまぶして数時間、置いておくのもコツのひとつです。そうすると、浸透圧によって果物の中の水分がにじみ出て、砂糖と水分がなじみ、火にかけたときにこげつきにくく、また果物も煮くずれしにくくなります。

2 煮るときに出るアクをきれいに取りのぞく

ジャムを煮はじめると、材料からどんどんアクが出てきます。水を張ったボウルをそばに置き、玉じゃくしでアクをすくってはボウルの中で洗う、という作業を、アクが出なくなるまで繰り返します。アクをきれいに取りのぞくことで、果物の味と美しいにごりのない色がいかされたジャムが完成します。

3 ほどよい「とろみ」の鍵は ペクチンと酸と糖のバランスにある

ジャムには、とろりと適度な濃度が必要です。固すぎず、ゆるすぎない、ジャムの適度なとろみを決定するのは、果実に含まれるペクチンと酸と砂糖のバランスです。果物を煮つめる過程で、ペクチンと酸と糖がバランスよく混ざりあってゼリー化すると、ちょうどよいとろみがつきます。適度に熟した果物のほとんどに、ペクチンと糖類、有機酸が含まれていますが、果物の種類によって、含有量が異なります。ペクチンと酸の両方を多く含む果物は、オレンジやレモンなどの柑橘類とりんご。砂糖を加えて煮ると、ほどよいとろみがつきやすい果物です。

酸が少ない果物は、いちじくや桃。これらの果物をジャムに煮るときには、レモン汁を加えることで、とろみを出します。ブルーベリーは、熟しすぎるとペクチンが分解されてゼリー化する力が落ちるという性質があります。庭に実るブルーベリーでジャムを作るときは、紫色に完熟したタイミングを見計らって、過熟にならないうちに収穫して冷凍し、ある程度の量になったところでジャムにするとよいでしょう。

商品としてジャムが作られる場合は、とろみを安定させるために、粉末のペクチンとクエン酸を加えてバランスを調整することが多いようですが、家庭で作るジャムは、レモン汁や、砂糖の量と煮つめる時間で、とろみの加減をするとよいでしょう。

材料と砂糖の割合とジャムのとろみの関係

[とろとろ]   [とろり]   [しっかり]

りんごの重量に対して砂糖3割   りんごの重量に対して砂糖5割   りんごの重量に対して砂糖7割

＊保存を優先する場合は、材料に対して砂糖の分量は7割から同量に。桃やトマトのジャムなどで、フレッシュな素材の味を楽しみたい場合は、砂糖の分量は3割くらいがおすすめです。

＊ジャムのとろみの写真例は、材料がりんごの場合です。それぞれの果物によってペクチンと酸と糖の含有量が異なるので、とろみのつき加減も異なります。

4 ジャムは強めの火加減で 短時間で煮上げる

ジャムは、弱火でとろとろ煮込んでとろみを出すものと思われがちですが、むしろやや強めの火加減で、短時間で煮上げるのが、おいしいジャム作りのコツです。長時間煮ると、果物の風味はそこなわれ、砂糖は飴化して固いジャムができてしまいます。こげつかせないように、鍋の底をたえず木ベラなどでかき混ぜながら、おおよその目安として、500gの材料を20分くらいで煮上げるとよいでしょう。果物の種類によって、とろみがつきにくい場合は、砂糖の量を多めにし、煮つめる時間を少し長めにします。その場合も、砂糖が飴になってしまわないよう、気をつけて加減します。

5 香料やスパイス、 ラム酒などをプラス

シナモンやバニラビーンズ、ピンクペッパーなどの香料やスパイスを効果的に加えると、素材のおいしさが数段アップする場合があります。また、ラム酒など、香りのいいお酒を加えることで、ジャムの味にまろやかさと深みを出すこともできます。砂糖だけで煮るシンプルなジャムのおいしさを基本に、ジャムの味の幅を広げてみるのも楽しいものです。

✏️ ジャムをおいしく保存する

砂糖で果物を煮たものをジャムとして保存できる秘密
は、砂糖のもつ保水性にあります。砂糖は水を抱え込
んで離しにくい性質をもっているため、食品の中に砂
糖を加えると、砂糖が水分を引きつけて腐敗菌などの
微生物から水分を奪い、増殖させにくくします。砂糖
をたくさん加えれば加えるほど、ジャムは腐りにくく、
カビにくくなるわけです。

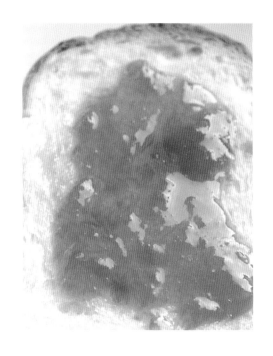

砂糖は材料の3分の1を基本に

ジャムを煮るとき、どれくらいの分量の砂糖を加えるとよ
いでしょう？ 材料となる果物の重さの半分以上の砂糖を
加えると、甘くなりすぎ、果物の風味や香りがそこなわれ
てしまいます。果物の味を生かしつつ、すぐに腐ったりカ
ビたりはしない程度の保存性をもつジャムというと、材料
の重さ（種などを取り除いた正味の量）の3分の1に相当
する砂糖の量がちょうどよいと思います。「砂糖は材料の
重さの3分の1」を基本として、多くても2分の1くらい
までと覚えておくと目安になります。

小分けにして
瓶ごと冷凍保存する

手作りのフレッシュなジャム
を、数回で食べきるくらいの
分量に小分けにして清潔な瓶
に入れ、瓶ごと冷凍保存しま
す。前の晩に冷凍庫から冷蔵
庫に移しておけば、翌朝の朝
食には、ジャムがちょうど食
べ頃に解凍されています。

保存瓶の殺菌の方法

家庭で作るジャムは、常温で数年も保存できるジャムをめざすというよりも、旬の果物のおいしさを、生で食べるよりも長くたいせつに味わうことを目的とする、というくらいがちょうどいいかと思います。作ったジャムをどのくらい保存できるかということは、砂糖の量、保存瓶の密閉度、保存の状態が常温か冷蔵かなど、いろいろな条件によって異なるので、一概にはいえません。保存瓶の殺菌の方法のポイントを、以下にピックアップします。目的と都合に合った方法を選んでください。

● 保存瓶をホワイトリカーですすぐ

冷蔵庫で保存して早めに食べきる場合は、保存瓶の本体と蓋をきれいに洗って乾かし、ホワイトリカーを入れて蓋をして、よくふって殺菌する程度で問題ないことが多いです。リカーを飛ばしてから、作りたての熱いジャムを縁まで入れて蓋をし、逆さまに置いて冷まします。逆さまにするのは、熱いジャムを蓋にも触れさせて殺菌するのが目的です。冷めてから冷蔵庫で保存します。

● 保存瓶を電子レンジで煮沸する

きれいに洗った保存瓶を電子レンジに並べ、水を7分目くらいまで入れて、水がぐらぐらと沸くくらいまで加熱します。電子レンジ対応の蓋の場合は、軽く蓋をして加熱します。電子レンジでの加熱に弱い薄手の瓶は不向きです。瓶が熱いうちに湯を捨て、作りたての熱いジャムを縁まで入れて蓋をして、逆さまに置いて冷まします。

● 保存瓶と蓋を鍋で煮沸する

きれいに洗った瓶と蓋を、水を張った鍋に沈め、10〜15分ほどぐらぐらと煮沸します。熱いうちにトングなどを使って清潔な布巾の上に瓶を取り出し、作りたての熱いジャムを縁まで入れて蓋をして、逆さまに置いて冷まします。熱い瓶に熱いジャムをつめるのがポイントです。きちんと殺菌できていれば、常温で半年から1年はもちます。開封後は、冷蔵庫で保存します。

● ジャムをつめた保存瓶を煮沸する

清潔な瓶に作りたての熱いジャムをつめ、瓶の半分くらいの高さまでお湯を張った鍋に沈め、軽く蓋をして、10〜15分ほどぐらぐらと煮沸します。このとき、ふきこぼれないようジャムは瓶の縁までは入れないようにします。煮沸後、鍋からジャムの瓶を取り出して、すぐにきゅっと蓋をしめます。加熱によって瓶の中の空気を膨張させて逃し、希薄にした状態で蓋を固くしめなおすことで、保存瓶の中に残る空気を減らし保存性を高めます。常温で半年から1年はもちます。開封後は、冷蔵庫で保存します。

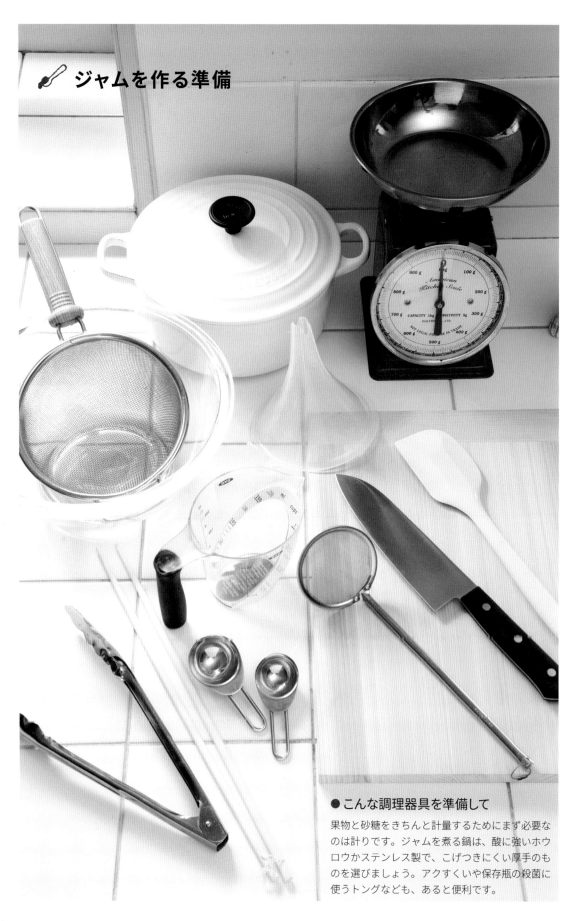

ジャムを作る準備

●こんな調理器具を準備して

果物と砂糖をきちんと計量するためにまず必要な
のは計りです。ジャムを煮る鍋は、酸に強いホウ
ロウかステンレス製で、こげつきにくい厚手のも
のを選びましょう。アクすくいや保存瓶の殺菌に
使うトングなども、あると便利です。

甘い保存食作りを
楽しむために

● ジャムの瓶をラッピング

木綿のはぎれをピンキングばさみで切り取って、
かわいいカバーを作ります。こころを込めて手作
りしたジャムをプレゼントに。

● 保存瓶に貼る手作りラベル

マスキングテープを使って、かわい
いラベルを手作り。調理した日付を
記して保存瓶に貼ります。

● いろいろな保存瓶

保存瓶は、密閉できて、煮沸
できるものを選びます。

● エプロンとミトン

いちごジャム作りは、いちご
のエプロンとミトンで！

果実
Fruit

いちご

旬のおいしさを思いっきり満喫するために、いちごがたくさん出まわる春、シロップやジャムやお酒をいろいろ作ります。生で食べるのとはまた別の、甘くこころをとろかすいちごの味を1年中たいせつに味わえるのも、「保存食」ならではの魅力です。

究極のいちごシロップ

水を1滴も加えずに、火にもかけずに作るので、生のいちごそのもののおいしさを、ぎゅっと凝縮したようなシロップになります。いちごと、同量のグラニュー糖を合わせて保存瓶に入れておくだけでできる、ルビー色の究極のいちごシロップ。

材料
- いちご……500g
- グラニュー糖……500g

作り方

1 いちごは、よく洗いヘタを取って水気をきれいにふき取る。

2 容量1000mlの保存瓶にいちごとグラニュー糖を交互に入れ、瓶をゆすっていちごにグラニュー糖をまんべんなくまぶす。

3 保存瓶に蓋をして、冷暗所に1週間置く。

4 いちごからじゅうぶんに水分が出て、砂糖がとけたら完成。すぐに飲みきらない場合は、ボウルにザルをのせてペーパータオルを敷き、3のいちごの瓶をあけてシロップをこす。

5 シロップが自然に落ちるのを待って、保存瓶に移したらシロップのできあがり。にごると美しくないので、けっしてギュウギュウしぼったりしないこと。保存は冷蔵庫で、早めに飲みきる。

究極のいちごミルク

· · · · · · · · · · · · · · · ·

究極のいちごシロップ大さ
じ3に牛乳200mlを加え
てよく混ぜる。小さな甥た
ちも目を輝かせて「おいし
いー!」と、3杯くらいお
かわりしてくれます。

究極のいちごシロップのソーダ水

· ·

究極のいちごシロップ大さじ3をクラブ
ソーダ100mlで割って氷を加える。子供
たちはもちろん、おとなも思わず歓声をあ
げるおいしさです。

赤いいちごのアントシアニン

いちごの赤い色素に含まれるポリ
フェノールの一種アントシアニン。
抗酸化作用があり、細胞の老化を防
ぐ効果が期待されています。

←いちごシロップ
＋
おまけのいちごジャム

こちらは火にかけて作る、いちごシロップ。きれいな真っ赤な色のシロップを作るために、よく熟したいちごを選びましょう。シロップをこし取ったあとのいちごに、新しくいちごと砂糖を少し足して、おまけのジャムに仕上げれば、もったいなくありません。

材料
● いちご……500g
　＋ 100g（おまけのいちごジャム用）
● グラニュー糖……350g
　＋ 100g（おまけのいちごジャム用）
● 水……300ml

作り方
1 いちごは、手早く洗いヘタを取って、ペーパータオルで水気をきれいにふき取る。
2 鍋にいちごとグラニュー糖を入れ、2時間ほど室温に置いておく。こうしておくといちごから水分が出てくる。
3 いちごの鍋を中火にかけ、煮立ったら水を加え、木ベラでかき混ぜながらアクを取る。
4 アクが出なくなったら、火を止め、ボウルにザルをのせてペーパータオルを敷き、いちごの鍋をあけてこす。
5 シロップが自然に落ちるのを待ち、保存瓶に移して、シロップのできあがり。にごると美しくないので、けっしてギュウギュウしぼったりしないこと。
6 新しく、いちご100gにグラニュー糖100gをまぶしてしばらく置き、いちごの水分が出てきたところで、シロップをこし取ったあとのいちごに加え、さらにレモン汁大さじ1を加えて鍋で5〜6分ほど煮れば、おまけのいちごジャムのできあがり。

いちごのお酒

真っ赤な色がとってもきれいな、こころ躍るいちごのお酒。いちごの風味をいかすために、それ自体には味と香りのほとんどないウォッカを使います。リキュールグラスに入れて、甘い香りと色を食後酒として楽しむのもいいし、爽やかなソーダ割りもおすすめです。

材料
● いちご……300g
● グラニュー糖……150g
● ウオッカ……750ml

作り方
1 いちごは、洗ってヘタを取り、ペーパータオルで水気をよくふき取る。
2 保存瓶にいちごとグラニュー糖を入れ、ウオッカを注ぐ。
3 冷暗所に保存して、1ヵ月後に実を取り出す。2ヵ月たてば、飲み頃に。

いちごジャム

いちごジャムをおいしく作るポイントは、あらかじめいちごに砂糖をまぶして水気を出しておくこと。こうすると煮くずれしにくく、またこげつきにくくなります。もうひとつ、強火でさっと煮上げること。とろりと色艶よく仕上がります。とろ火で時間をかけて煮ると、固いジャムになってしまうのでご注意。

材料
● いちご……600g
● グラニュー糖……200g
● 無農薬レモン汁……大さじ1

作り方
1 いちごは手早く洗い、ヘタを取り、ペーパータオルで水気をよくふき取る。
2 ボウルにいちごを入れ、グラニュー糖を加え、よくまぶす。
3 1〜2時間ほど置いて、水気が出てきたら鍋に移し、火にかけ強火で煮る。
4 こがさないように、時々、木ベラでかき混ぜながらアクをきれいに取る。アクが出なくなったらレモン汁を加え、2〜3分煮立てて、とろりとしてきたらできあがり。
5 ジャムが熱いうちに、清潔な瓶につめる。この分量で150mlの瓶2つと半分弱ほどの量のジャムができる。
6 蓋をして、逆さまに置いて冷ます。

カソナード糖のいちごジャム

フランスのブラウンシュガー、カソナード糖は、いちごそのままの風味を引き出しつつ、グラニュー糖とはひと味違うコクを添えてくれます。レモン汁は加えずに、いちごとカソナード糖だけの、ほんとうにシンプルないちごジャム。

材料
● いちご……300g
● カソナード糖……90〜150g

作り方
1 いちごは手早く洗い、ヘタを取り、包丁で半分に切る。
2 鍋の中でいちごにカソナード糖をまぶして、1時間ほど放置する。
3 いちごから水分が出てきたところで鍋を強火にかけ、沸騰してきたら中火にして、こがさないように木ベラでかき混ぜながらアクをきれいに取る。
4 20分ほどじっくり煮つめ、とろみが出てきたら完成。

いちごジャムとスコーン

● ●

焼きたてのスコーンに添えると、いちごジャムの
フレッシュなおいしさが際立ちます。スコーンの
レシピは何通りも試した結果、このレシピがいち
ばん。手作りのいちごジャムをじっくり味わうた
めに、ぜひおすすめのスコーンです。

材料
- 無塩バター……60g
- 薄力粉……240g
- ベーキングパウダー……小さじ 3 1/3
- 塩 ……小さじ 1/4
- 牛乳……100ml（仕上げ用として別に適量）
- プレーンヨーグルト……50ml

作り方

1 オーブンは、220℃に温めておく。

2 バターを 5mm 角くらいに細かく切っておく。バターは冷凍して
　おくと、作りやすい。

3 ボウルに薄力粉とベーキングパウダー、塩を合わせてふるい入れ、
　バターを入れて、指先ですりこむように混ぜ合わせる。

4 牛乳とプレーンヨーグルトをよく混ぜたものを 3 のボウルに加
　え、ゴムベラでサッと混ぜる。

5 だいたいまとまったら、打ち粉をした台の上で軽くひとつにまと
　め、厚さ 2cm くらいに麺棒でのばす。

6 直径 6cm の菊型で抜き、天板に間隔をあけて並べ、刷毛でスコー
　ンの表面に牛乳を塗りオーブンに入れて、15 分ほど焼く。きつ
　ね色のおいしそうな焼色がついたら、できあがり。いちごジャム
　を添えて。冷めたら、軽くトースターで温めなおして。

冷凍いちごのソース

フレッシュないちごが安く出まわる季節には、もちろん生のいちごを使いますが、1年を通してみれば、生のいちごが手に入らない時期のほうが長いのです。そこで、スーパーで販売されている冷凍いちごの出番です。凍ったままのいちごをフードプロセッサーに入れてまわすと、あっというまに砕かれてシャーベット状になるので、あとは、砂糖とレモン汁を加えて煮るだけ。ブルーベリー、ラズベリー、クランベリーなども冷凍したものが市販されているので活用します。

材料
- 冷凍 いちご……250g
- グラニュー糖……80g
- 無農薬レモン汁……大さじ1

作り方

1 冷凍いちごをフードプロセッサーに入れる。

2 様子を見ながら、フードプロセッサーの刃を回転させて冷凍いちごを砕く。

3 好みの砕き加減になったら鍋にあけ、砂糖とレモン汁を加えて、こがさないように木ベラでかき混ぜながら強火で煮る。アクが出てきたら、きれいにすくい取る。

4 いちごのソースとしてヨーグルトに添える場合は、とろりとしてきたあたりで火から下ろして完成。ジャムにするときは、こがさないように、木ベラでかき混ぜながら煮つめる。この分量で、150ml の保存瓶ふたつ分くらいのいちごのソースができる。

冷凍フルーツで作る
フルーツソースを毎朝のヨーグルトに

朝食のヨーグルトは腸内環境を整え、便秘の改善はもちろん、免疫力のアップ、老化防止などの効果が期待されています。私自身、年齢と共に無理がきかなくなってきて、健康でいることがとてもたいせつだと思うようになりました。毎朝のヨーグルトには、1年中、気軽に手に入る冷凍フルーツで作るフルーツソースを添えて、いろいろな味を楽しみます。

6月、自宅の近所にたくさんある農家の直売店に、ほんのいっときだけ、やまももの果実が並びます。やまももの木自体は、庭木や街路樹としてよく見かけますから、甘く熟したやまももの実を収穫したら、ぜひ芳醇な果実酒にチャレンジしてみてください。

やまもも

やまもものお酒

熟成してくると、赤紫のきれいな色のお酒になって、ほのかに甘酸っぱい上品な香りがします。カットの美しいリキュールグラスに入れると、とても素敵です。

作り方

1 やまももはよく洗い、水気をふき取る。

2 保存瓶に、やまもも、氷砂糖を入れ、ホワイトリカーを注ぐ。

3 冷暗所で保存し、3ヵ月後から飲み頃に。

材料
● やまもも……300g
● 氷砂糖……100g
● ホワイトリカー……700ml

【 甘酸っぱい香りが食欲を増進 】

旬と呼ぶには短すぎる、ほんのいっときだけのやまももの収穫の季節。美しい色と香りを食前酒に。

ラズベリー

キイチゴの仲間、ラズベリーは、蒸し暑い日本では冷涼な地域でないとなかなかうまく育ちません。南フランスに旅したとき、誰もいない畑の縁に何百メートルも続くラズベリーの生垣を見つけて小躍りしてしまったことを思い出します。

ラズベリージャム

イギリスでは、お茶の時間にかかせないスコーンには、ラズベリーのジャムを添えるのが定番のようです。甘酸っぱい味がバターのたっぷり入ったスコーンをさっぱりとさせるからかもしれません。

材料
● ラズベリー……300g
● グラニュー糖……200g
● レモン汁……大さじ2

作り方
1 ラズベリーは洗ってザルに取り、水気をきる。冷凍のものを使う場合は室温で解凍しておく。

2 鍋にラズベリー、グラニュー糖を入れ、中火にかける。

3 木ベラでかき混ぜながら、アクをきれいに取る。

4 アクが出なくなったら、レモン汁を加え、5〜6分煮て、できあがり。

香り成分に脂肪燃焼効果

ラズベリーに含まれる香り成分、ラズベリーケトン。脂肪燃焼効果が期待され、ダイエットサプリメントにも。

ラズベリー酒

保存瓶の中のかわいいラズベリーの実を
眺めるのも、透明のお酒がジュワーッと
ピンク色に染まっていくのを見るのも楽
しいです。ラズベリーのお酒はチョコ
レートとの相性もバッチリ。

材料
● ラズベリー……200g
● 氷砂糖……100g

作り方
1 ラズベリーはよく洗い、水気をきれいにふき取る。

2 保存瓶にラズベリー、氷砂糖を入れ、ウオッカを注ぐ。

3 冷暗所に保存して、1ヵ月後に実を取り出す。2ヵ月た
てば、飲み頃に。

クランベリー

クランベリーは、日本ではあまりなじみがなく、生で販売するお店は限られていて、しかも高価です。冷凍のものは大きなスーパーで扱われていて、値段も手頃なので、ジャムやソース作りに気軽に利用できておすすめです。

クランベリーソース ＋ クランベリージャム

ご主人の転勤でアメリカで暮らしていた友人家族のホームパーティは、それはそれは華やかで楽しいものです。ご主人が焼き上がった七面鳥を取り分けてくれますが、喉元にある馬蹄形の骨が当たった人には、それから1年間、幸せが訪れるという言い伝えがあるそうです。ジューシーに焼きあがったローストターキーに添えられるのがこのクランベリーソース。甘酸っぱい味が、ターキーによく合います。

材料
- クランベリー
  （冷凍でもよい）……400g
- グラニュー糖……200g（ソース用）
  ＋ 100g（ジャム用）
- 水……400ml

作り方
1 クランベリーは洗ってザルに取り、水気をきる。（冷凍を使う場合は室温で解凍しておく。）

2 鍋にクランベリーを入れ、グラニュー糖200gと水を加えて強火にかける。

3 木ベラでかき混ぜながら、アクをきれいに取る。

4 10分ほど煮て、とろみが出てきたら火を止める。ザルでこして保存瓶に入れて、クランベリーソースのできあがり。

5 果肉を鍋に戻し、グラニュー糖100gを加え、強火にかける。

6 木ベラでかき混ぜながら、アクを取り、5分ほど煮れば、クランベリージャムのできあがり。

抗酸化作用をもつポリフェノールが豊富

アントシアニンをはじめ、クランベリーに含まれるポリフェノール。抗酸化作用が期待されています。有機酸には美肌効果も！

果物の中でも、ひときわこころときめくベリー類。見た目のかわいらしさはもちろん、甘酸っぱい味も魅力です。いちごやラズベリー、ブルーベリーを集めたミックスベリー。それぞれのベリーの色と味が集まって、いっそうおいしさを増します。

ミックスベリー

甘酸っぱさで、疲労回復！

りんご酢に含まれる有機酸は疲労回復に効果あり。ベリー類の爽やかな甘酸っぱさがこころもリフレッシュ。

ミックスベリーサワー

りんご酢をベースにしたヘルシーな飲み物です。漬け込んだいろいろなベリーを浮かべて、ソーダ割りがおすすめ。炭酸の泡がパチパチはじける中、ベリーたちが浮かぶ、とても楽しい飲みものになります。ベリーもスプーンですくって食べながら、爽やかな味を楽しみます。

材料
- いちご……150g
- ブルーベリー……150g
- ラズベリー……150g
- グラニュー糖……450g
- りんご酢……500ml

作り方

1 いちごはヘタを取り、ブルーベリー、ラズベリーのそれぞれをよく洗い、ペーパータオルなどで、水気をきれいにふき取る。

2 保存瓶にいちご、ブルーベリー、ラズベリー、グラニュー糖を入れ、りんご酢を注ぐ。

3 冷暗所に1週間置いて、冷蔵庫で保存。早めに飲みきる。

さくらんぼ

甘酸っぱくて、皮の歯ごたえもみずみずしいさくらんぼ。ひとつひとつが、まるで宝石のように美しい、贅沢な初夏の果物です。かわいい形をそのままいかして、柄をつけたままコンフィ（砂糖漬け）にすると、見た目の楽しさも抜群です。

さくらんぼのコンフィ

さくらんぼのコンフィを、カマンベールやブルーチーズにのっけるだけで、たちまちおしゃれなオードブルのできあがり。冷蔵庫で半年以上もつので、旬の安価な時期にまとめて煮て冷蔵庫に常備しておくと重宝します。

材料
● アメリカンチェリー……500g
● 水……100cc
● グラニュー糖……350g
● レモン汁……大さじ6

作り方
1 さくらんぼは洗ってザルに取り、水気をよくきる。
2 鍋に水、グラニュー糖、レモン汁大さじ3を入れ、中火にかける。
3 木ベラでかき混ぜながら、グラニュー糖をとかし、沸騰したらさくらんぼを入れ、再び沸騰させる。
4 そのまま、5分ほど煮て火を止め、蓋をして冷暗所で一晩休ませる。
5 翌日、再び中火にかけ、木ベラでかき混ぜながら、アクを取る。アクが出なくなるまで取り続け、火を止めて、蓋をし再び冷暗所で一晩寝かせる。
6 さらに翌日、再び中火にかけ、木ベラでかき混ぜながら、アクを取る。レモン汁大さじ3を加え、とろみがつくまで2～30分煮る。
7 保存瓶に入れ、蓋を閉めて冷蔵庫で保存。

さくらんぼ酒

深い森のような香りのお酒。さくらんぼの実は、チョコレートトリュフの中に入れて、バレンタインの贈り物にしてもいいですね。色がきれいに出るので、アメリカンチェリーがおすすめ。佐藤錦など国産のさくらんぼで作ると、淡いピンクのお酒になります。

材料
● アメリカンチェリー……300g
● 氷砂糖……150g
● ホワイトリカー……900ml

作り方
1 アメリカンチェリーは洗って水気をよくふき取る。
2 保存瓶に氷砂糖、アメリカンチェリーを入れ、ホワイトリカーを注ぐ。
3 蓋をして、冷暗所で保存。2ヵ月後に実を取り出し、3ヵ月後から飲み頃に。

赤い色素に含まれるアントシアニン

アメリカンチェリーの赤い色素に含まれるアントシアニン。抗酸化作用があり、細胞の老化を防ぐ効果が期待されます。

さくらんぼのジャム

お中元の時期に、さくらんぼの佐藤錦を
たくさんいただくと、贅沢にジャムにし
ます。ジャムにすると、ひとスプーンず
つ長く楽しめるので、贈ってくださる友
人たちに感謝！ トーストするとサクサ
クするイギリスパンにサワークリームと
さくらんぼのジャムを塗っていただくの
がおすすめです。

材料
● さくらんぼ……300g
● グラニュー糖……150g
● レモン汁……大さじ 2

作り方

1 さくらんぼは洗ってザルに取り、
水気をきる。冷凍のものを使う場
合は室温で解凍しておく。

2 さくらんぼを半分に切り、種を出
す。

3 鍋にさくらんぼ、グラニュー糖を
入れ、強火にかける。

4 木ベラでかき混ぜながら、アクを
きれいに取る。

5 アクが出なくなったら、レモン汁
を加え、5 〜 6 分煮て、できあが
り。

ブルーベリーが熟す初夏には、近所の農家に家族でよく摘みに出
かけます。低木なので、小さな甥っ子たちが大活躍。楽しくて、
ついついたくさん摘みすぎてしまいますが、大きなお鍋で煮た
ジャムは、あっというまになくなります。大人気のジャムです。

ブルーベリー

ブルーベリージャム

ブルーベリーのジャムは、同じ分量で
作ったはずなのに、ゆるすぎたり、固す
ぎたり、とろみの加減がむずかしいこと
があります。ブルーベリーの品種によっ
て、また実の熟しぐあいによっても、ペ
クチンのジャムをゼリー化させる力が変
わってくるのが原因です。ゆるくできた
ジャムはヨーグルトに添えると、とても
おいしい。

材料
● ブルーベリー……500g
● グラニュー糖……250g
● レモン汁……大さじ2

作り方
1 ブルーベリーをよく洗い、ザルに取っ
　て水気をきっておく。
2 鍋にブルーベリーとグラニュー糖を入
　れ、強火にかける。
3 木ベラでかき混ぜながら、アクをきれ
　いに取る。ふきこぼれやすいので、火
　加減を調整すること。
4 アクがすっかり出なくなったら、レモ
　ン汁を加え、5～6分煮て、できあがり。

ヨーグルトに
ブルーベリージャム
を添えて
・・・・・・・・・・・・・・・
プレーンヨーグルトにブ
ルーベリージャムを好み
の量添える。

老化を防ぐアントシアニン

ブルーベリーの紫の色素に含まれる
アントシアニン。抗酸化作用があり、
細胞の老化を防ぐ効果が期待されて
います。

プラム

初夏の頃、真っ赤に熟したプラムが店先に並んだのを見ると、ついつい買い物カゴに入れてしまいます。甘酸っぱいプラムの味も、プチっとはじけるような皮の歯ごたえも、なんともいえないよい香りも、ぜんぶ大好きです。

プラム酒

プラムのいい香りが、ふんわりと広がるお酒です。味はさっぱりしているので、レモンをたっぷりしぼって、ソーダ割りがおすすめ。

材料
- プラム……300g
- 氷砂糖……150g
- 無農薬レモン……1個
- ホワイトリカー……900ml

作り方
1 プラムは洗って、水気をよくふき取る。
2 レモンは皮をむき、白いワタが苦いのできれいに取りのぞき、果肉を4等分くらいの輪切りにする。
3 保存瓶に、氷砂糖、プラム、レモンの果肉を入れ、ホワイトリカーを注ぐ。
4 蓋をして、冷暗所で保存。2ヵ月後に実とレモンを取り出し、3ヵ月後から飲み頃に。

真っ赤なプラムのアントシアニン

プラムに含まれるアントシアニン。抗酸化作用があり、老化を防ぐ効果が期待されています。食物繊維はデトックスにも。

プラムシロップのソーダ水

プラムシロップ大さじ 3 をクラブソーダ 100ml と氷で割る。

プラムシロップ
＋
プラムジャム

とびっきりおいしいプラムのシロップ
は、甘い香りが魅力です。美しい真っ赤
な色のシロップを作るために、よく熟し
た赤いものを選びます。何にでも合う、
シンプルな味のジャムは、パウンドケー
キやフルーツタルトの艶出しにも使えて
重宝します。

材料
● プラム……500g
● グラニュー糖……250g
　＋ 100g（ジャム用）
● 水……100ml

作り方
1 プラムは、よく洗って水気をふき取る。

2 鍋にプラムとグラニュー糖と水をすべ
　て入れ、強火にかける。

3 煮立ったら、中火にし、木ベラで混ぜ
　ながら皮から色を出す。

4 アクを取りながら 10 〜 15 分ほど煮
　て火を止める。

5 ボウルにザルをのせペーパータオルを
　敷き、プラムの鍋をあけ、こす。

6 シロップが自然に落ちるのを待ち、保
　存瓶に移し、シロップのできあがり。

7 ザルに残った実は、皮と種を取りのぞ
　き、鍋に入れ、グラニュー糖 100g を
　加え強火で煮る。

8 こげつかないように、木ベラでたえず
　かきまわし、アクを取り、5 分ほど煮
　たら、ジャムのできあがり。

アイスクリームのプラムシロップかけ

バニラアイスクリームに、プラムシロップを
とろりとかけて。色もとてもきれいです。

あんず

初夏の季節、あんずが果物屋さんに並ぶ時期はとても短いので、出まわる時期を逃さないように気をつけておかなくてはなりません。みずみずしく熟したあんずを見かけたら、まとめて買って、あんずのいろんな保存食を作り置きます。

あんず酒

あんずの種の中にある仁（白い部分）は、杏仁豆腐のもとになるもので、香りがとてもいいので、ぜひお酒に入れましょう。

材料
- あんず（固めのもの）……300g
- 氷砂糖……150g
- ホワイトリカー……900ml

作り方

1 あんずは洗って、水気をよくふき取る。

2 あんずを半分に割って種を出し、種をくるみ割りなどで割って、中の白い仁を取り出す。

3 保存瓶に、氷砂糖、あんず、仁を入れ、ホワイトリカーを注ぐ。

4 蓋をして、冷暗所で保存。2ヵ月後に実を取り出し、3ヵ月後から飲み頃に。半年以上置くと、香りがより芳醇になる。仁は、1年後には取り出しておく。

あんずのシロップ ＋ コンポート

あんずのシロップとコンポートの甘酸っぱい味は、疲れをどこかへ吹き飛ばしてくれるおいしさです。かき氷や白玉だんごにもピッタリ！白玉だんごは、水を使わずに絹ごし豆腐だけで練ると、もちもちおいしく仕上がります。

材料
- あんず……500g
- グラニュー糖……500g

作り方
1 あんずは洗って、水気をよくふき取る。
2 あんずを半分に割って種を出し、種をくるみ割りなどで割って、中の白い仁を取り出す。
3 鍋にあんずと仁、グラニュー糖を入れ、よくまぶし、蓋をして、1日冷暗所で寝かす。
4 翌日になると、あんずの水分が出ているので、中火にかけ、木ベラでかき混ぜながらアクをきれいに取る。煮くずれしやすいので、火が強かったら弱火にし、加減する。アクが出なくなって10分ほど煮れば、できあがり。
5 熱いうちに清潔な保存瓶に入れ、蓋をしっかり閉めて保存。

アンチエイジングと疲労回復
生のあんずに豊富に含まれるβカロテンには、アンチエイジングの効果が期待されます。甘酸っぱさのもと、有機酸は疲労回復効果抜群。

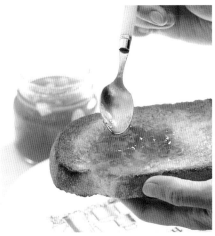

あんずジャム

あんずのジャムは、いちごジャムに続く定番のジャムといえるでしょう。たくさん作っておけば、パウンドケーキの仕上げに塗ったり、果物のパイのベースに敷いたり、お菓子作りにも重宝します。

材料
- あんず……500g
- グラニュー糖……350g

作り方
1 あんずは洗って、水気をよくふき取る。
2 あんずを半分に割って種を出し、種をくるみ割りなどで割って、中の白い仁を取り出す。
3 鍋にあんずと仁、グラニュー糖を入れ、中火にかけ、木ベラでかき混ぜながらアクをきれいに取る。アクが出なくなって10分ほど煮れば、できあがり。

梅

梅の実は、昔から私たちの暮らしにいちばんよくとけこんでいる
果実のひとつです。わが家でも、毎年かならず漬ける梅酒のおい
しさは格別です。どんなにおいしくても、昼間から飲むわけには
いかないので、梅シロップも作っておきます。

梅酒

梅酒は、季節を問わず飲みたくなるお酒です。
夏はロックで、冬はお湯割りで。たくさん作っ
ておいても、あっというまに飲んでしまいます。

作り方

1 青梅は傷をつけないように気をつけながら、よく洗って、水気をふき取る。

2 竹串で、青梅のヘタを取る。

3 青梅の量が多いので、保存瓶に氷砂糖と交互に入れ、ホワイトリカーを注ぐ。

4 蓋をして冷暗所で保存、2ヵ月後に実を取り出す。3ヵ月後から飲み頃に。

材料

● 青梅……1kg

● 氷砂糖……400g

● ホワイトリカー……1800ml

梅シロップ

とってもよい香りの梅シロップ。氷を入れて水割りにすると、小さな子供から大人まで、みんなに喜ばれます。

材料
- 青梅……500g
- きび砂糖……500g

作り方
1 青梅はヒタヒタの水に浸し、一晩寝かせてアクを取る。
2 一晩たったら、青梅の水気をしっかりふき、竹串でヘタを取り、プスプスと穴をあける。
3 焼酎などでふいて消毒した保存瓶に、青梅、きび砂糖を入れ、冷暗所で10日間寝かせる。時々、瓶をゆすって砂糖をとかす。
4 シロップをザルでこし、発酵を止めるために鍋に入れて火にかける。沸騰したら火を止め、保存瓶に入れて、冷蔵庫で保存する。

梅シロップの水割り

梅シロップ大さじ3をミネラルウォーター100ml(炭酸ガス入り)と氷で割る。

梅のサワー

夏の暑い日、氷をたくさん入れて水割りにしてグビグビッと飲み干します。元気が出てくる飲み物です。暑い夏を乗りきるために、ぜひ作っておきましょう。

材料
- 青梅……500g
- りんご酢……500cc
- きび砂糖……200g

作り方
1 青梅はヒタヒタの水に浸し、一晩寝かせてアクを取る。
2 一晩たったら、青梅の水気をしっかりふき取り、竹串でヘタを取る。
3 焼酎などでふいて消毒した保存瓶に、青梅、りんご酢、きび砂糖を入れ、冷暗所で3ヵ月寝かせる。ときどき、瓶をゆすって砂糖をとかす。

梅のコンポート

「煮梅」は京都の料亭でも出される上品なデザートです。丁寧に入れた緑茶といっしょにお客様にお出しすると、感激されることまちがいなし。

材料
- 青梅……500g
- グラニュー糖……500g
- 水……400ml

作り方

1 青梅はよく洗って、水気をしっかりふき、竹串でヘタを取る。

2 鍋に青梅を入れ、ヒタヒタになるくらい水を入れ弱火にかける。

3 グラグラと沸騰させないように気をつけながら煮て、梅の色が変わってきたら火を止め冷ます。

4 別の鍋に、グラニュー糖と水を入れ、煮立ててグラニュー糖をとかし火を止める。

5 4のシロップの鍋に青梅をひとつずつそっと入れる。皮が破れやすいので、じゅうぶん注意する。

6 弱火にかけ、煮立つ直前で火を止め、そのまま冷ます。冷蔵庫で1ヵ月くらい保存できる。

梅は疲労回復の特効薬!

梅の実に豊富に含まれるビタミン類と有機酸には、疲労回復の効果があります。食物繊維には整腸作用も。

青梅のジャム
＋
黄梅のジャム

青梅と黄梅で作った2種類の梅ジャム。色や香り、味の違いを楽しみます。青梅は爽やかな味に、熟した黄梅で作ると芳醇な香りがして、それぞれのおいしさがあります。青梅がたくさん手に入ったら、半分は青いまま、残り半分は熟すまで少し待って、時間差で作ってみます。

材料
◎ 梅……500g
◎ グラニュー糖……500g

作り方
1 梅は、よく洗って水気をしっかりふき、竹串でヘタを取る。
2 鍋に梅を入れ、ヒタヒタになるくらい水を入れ弱火にかける。
3 梅がやわらかく煮えたら、火を止め、そのまま冷ます。
4 冷めたらザルに取り、水気をきって、手でつぶしながら、種を取る。
5 取り出した種は水で洗い、くるみ割りなどで割って、中の核を取り出す。
6 鍋に果肉と核とグラニュー糖の半量を入れ、中火にかける。
7 木ベラで混ぜながら、アクをきれいに取る。
8 アクが出なくなったら、残りのグラニュー糖を加え、10分ほど煮て、とろみがついたらできあがり。

レモン

レモンの香り。なんてよい香りでしょう。母の友人が静岡ですばらしく立派なレモンを無農薬で栽培しています。レモンの皮を使うレシピには、国産無農薬のレモンが必須です。

レモンのマーマレード

レモンだけでもおいしいのですが、バニラビーンズといっしょに煮ると、とてもリッチな味わいになります。スプーンひとさじで上等のスイーツに匹敵。

材料
- 無農薬レモン……300g
- グラニュー糖……200g
- バニラビーンズ……1/2 本

作り方

1. レモンはよく洗い、水気をふいておく。
2. レモンを半分に切り、中の果肉を白い袋からきれいに取り出す。
3. 鍋に外側の皮を入れ、皮がかぶるくらいの水を入れて火にかけ、沸騰したら皮をザルに上げ、水気をきる。
4. 3 の行程をもう 1 度くり返す。
5. 再びレモンの皮を鍋に戻し、ヒタヒタになるくらいの水を入れ、皮がやわらかくなるまで 30 分ほど煮てザルに上げる。
6. レモンの皮の半量をごく薄い千切りにし、残りの半量はみじん切りにする。
7. 鍋に切ったレモンの皮とレモンの果肉、グラニュー糖を入れ、中火にかける。
8. たえず木ベラでかき混ぜながら、アクをきれいに取る。
9. アクがすっかり出なくなったら、バニラビーンズを縦半分に切って鍋に入れ、5 ～ 6 分煮たら、できあがり。

リモンチェッロ

イタリアの有名なお酒「リモンチェッロ」。
市販のものより、だんぜん自家製がおすす
めです。香りがまったく違うので、ぜひ手
作りしたいお酒です。

材料
- 無農薬レモン……10 個
- スピリタス……500ml
- グラニュー糖……800g
- 水……1000ml

作り方

1. レモンはよく洗い、水気をふいておく。

2. レモンは皮の白い部分が苦いので、なる
   べく表面の黄色い皮だけを使うようにむ
   く。レモン汁は、漬けて1週間後に使
   うので、5個分をしぼって冷凍しておく。

3. 保存瓶にレモンの皮とスピリタスを入
   れ、蓋をして冷暗所で1週間寝かす。
   時々、瓶をふって、皮から香りが出やす
   くする。スピリタスは、アルコール度数
   が96度もあるので、火気にはじゅうぶ
   んご注意。

4. 1週間したら、皮を取り出す。この頃に
   は、レモンの皮の水分も香りもすべてお
   酒の中に移り、皮は骨のようにカリンカ
   リンになっている。

5. 鍋にグラニュー糖と水を入れ、火にかけ
   てシロップを作る。グラニュー糖がとけ
   たら、火を止め冷ます。

6. スピリタスの入った保存瓶にシロップと
   レモン汁5個分を入れ、1週間、冷暗所
   で寝かし、ザルでこしてできあがり。冷
   蔵庫でよく冷やしてストレートで飲んで
   もいいし、ソーダ割りも爽やかでおすす
   めです。

レモンの酸味が
疲労を回復させる

ビタミンCとクエン酸を豊富
に含むレモンは、疲労回復に効
果があります。美肌作りにも。

ホットはちみつレモン

はちみつレモン大さじ3を熱湯100mlで割って。

はちみつレモン

永遠の定番「はちみつレモン」！ はちみつに漬けたレモンはカップケーキを焼くときのトッピングにすると、とてもおいしい。

材料
- 無農薬レモン……5個
- はちみつ……500g

作り方
1. レモンはよく洗い、水気をふいておく。
2. レモンは、皮の白い部分が苦いので、なるべく表面の黄色い皮だけを使うようにむく。果肉の部分は、白い皮の部分をなるべく取ってしまい、1cmくらいの輪切りにする。
3. 保存瓶に、レモンの皮と果肉とはちみつを入れ、蓋をして冷暗所で寝かす。レモンから水分が出てきたら、瓶をよくふってはちみつをとかす。
4. 冷蔵庫で保存。

レモンジャムのビスケットチーズケーキ

レモンジャムと、おなじみのココナッツサブレで作る超簡単チーズケーキ。オーブンを使わないので、思いたったら誰でもすぐ作れてしまいます。

材料
- ココナッツサブレ……1箱
- 牛乳……200cc
- クリームチーズ……200g
- レモンジャム……100g

作り方
1. ココナッツサブレは、バットに並べて牛乳をかけ、しんなりさせておく。
2. クリームチーズをボウルに入れてよく練り、やわらかくなったらレモンジャムを入れてさらによく練る。
3. しんなりしたココナッツサブレにレモンジャムを混ぜたクリームチーズを塗り、重ねていく。
4. 重ねたココナッツサブレのまわりにもクリームチーズを塗り、ラップでキッチリと包んで冷蔵庫で2〜3時間冷す。
6. 斜めにスライスして盛りつけると、断面の層が見えてきれい。

キウイフルーツは、お友達のお庭にたくさんなるのでよくいただきます。熟すまでなかなか待ちきれずに食べてみて、「やっぱり、まだ早すぎた」と思ったときは、ジャムがおすすめです。種がプチプチとして、食感がおいしいです。

キウイフルーツ

3色のキウイ
フルーツジャム

最近のキウイフルーツは、果肉が赤色のレインボーキウイや黄色のゴールデンキウイなど、とてもカラフル。ジャムを煮ているとかわいい色にこころもウキウキしてきます。

材料
- キウイフルーツ……300g
- グラニュー糖……200g
- レモン汁……大さじ3

作り方
1 キウイフルーツは、産毛をこすり取りながら、よく洗う。

2 皮をむいて4等分にし、5mm角に切る。

3 鍋にキウイフルーツを入れ、そのうちの半量くらいを手でもむようにしてよくつぶす。

4 3にグラニュー糖を入れ、強火にかけ、木ベラでかき混ぜながらアクをきれいに取る。

5 アクがすっかり出てこなくなったら、レモン汁を加え5分ほど煮て、できあがり。

ミネラル成分と
食物繊維に注目

カリウムをはじめ、体の調子を整えるミネラル成分豊富なキウイ。食物繊維はデトックスに。

3色のジャムを添えた
クリームチーズ

キウイフルーツのきれいな色をいかして、白いキリクリームチーズにのせて、オードブルやおやつに。プチプチした種の食感がおいしさを増します。

トマト

大好きなトマトで、とってもおいしいジャムができました。食べるまえには、「トマトのジャム？ ウエ〜！」なんていっていた家族にも大好評！ おいしさの秘訣は、露地ものの完熟トマトを使うこと。定番ジャムがひとつ増えます。

トマトジャム

トマトの酸味が効いてさっぱりとした味わい。カリカリにトーストした薄切りのバゲットに、カマンベールチーズとトマトのジャムをのせるとおしゃれなオードブルに。朝食のプレーンヨーグルトにもよく合います。

材料
- 完熟トマト……500g
- グラニュー糖……150g
- レモン汁……大さじ2

作り方
1 トマトは、熱湯につけて湯むきし、種をのぞき、ザク切りにする。

2 鍋にトマトを入れ、中火で煮る。こげつかないように、たえず、木ベラでかき混ぜながら水分を飛ばす。

3 水分がほとんどなくなってきたところで、グラニュー糖を入れ、木ベラでかき混ぜながら、アクをきれいに取る。

4 アクが出なくなってきたら、レモン汁を加え、5分ほど煮る。

注目の赤いリコピン

トマトに含まれる赤い色素リコピンの抗酸化作用はとてもパワフル。発ガン率を下げる成分として、注目を集めています。

トマトジャムを添えた簡単フォンテンヌブロー

フォンテンヌブローは、フランスでは定番のチーズケーキ。ほんとうは、フロマージュブランという生チーズで作るのですが、専門店に行かないとなかなか手に入らないので、どこでも売られているプレーンヨーグルトでつくりました。トマトジャムの爽やかな味がびっくりするほどよく合います。

材料
● プレーンヨーグルト……450g
● 生クリーム……200ml
● グラニュー糖……大さじ3

作り方

1 氷水を入れたボウルに、ひとまわり大きいサイズのボウルをのせて生クリームとグラニュー糖を入れ、泡立て器でかき混ぜて、角が立つ少し手前まで泡立てる。

2 プレーンヨーグルトを少しずつ加えながら、よくかき混ぜる。

3 ボウルにザルをのせ、ペーパータオルを敷いて 2 を注ぐ。

4 ラップでピッチリとおおい、一晩冷蔵庫で寝かす。

5 よぶんな水分がボウルの底に落ちて、簡単フォンテンヌブローのできあがり。大きめのスプーンで盛りつけ、好みのジャムをのせていただく。

パイナップル

生のパイナップルの、強くて甘い香りが大好きです。この匂いを
かぐと、ハワイのパイナップル畑へとこころが飛び立ってゆきま
す。南国のフルーツ特有の、胸のときめく香りと味を保存瓶に閉
じ込めて、いつでも楽しめるように準備します。

パイナップルジャム

パイナップルは南国のフルーツなので、エキゾチックな魅力をより引き出すため
に、ピンクペッパーといっしょに煮ます。ピンクペッパーが、かすかにピリリと
して、パイナップルの独特の香りと甘味を引き立てます。このジャムは、あえて
甘めに作り、味にパンチを効かせます。

作り方

1 パイナップルを洗って、水気をふき取る。

2 パイナップルの両端を切り落とし、皮をむいて縦4等分にし、7mm角に切る。

3 鍋にパイナップルの半量を入れ、ポテトマッシャーでつぶす。

4 残りのパイナップルとグラニュー糖を入れ、強火にかけ、木ベラでかき混ぜな
がら、アクをきれいに取る。

5 アクがすっかり出てこなくなったら、バニラビーンズとピンクペッパーを入れ、
木ベラでかき混ぜながら、10分ほど煮てできあがり。

材料

- 沖縄産パイナップル……300g
- グラニュー糖……240g
- バニラビーンズ……1/2本
- ピンクペッパー……5粒

パイナップルのお酒

蓋をあけると、パイナップルの甘い南国の
香りが広がります。

材料

- 沖縄産パイナップル……600g
- グラニュー糖……150g
- 無農薬レモン……1 個
- ホワイトリカー……1200ml

作り方

1. パイナップルをタワシなどでよく洗い、
   しっかり水気をふき取る。
2. パイナップルの両端を切り落とし、縦八
   等分に切る。
3. 皮を削ぎ切りし、皮と実を三等分に切る。
   （皮に香りがあるので、皮も使う。）
4. レモンは皮をむき、白いワタが苦いので
   きれいに取りのぞき、4 等分くらいの輪
   切りにする。
5. 保存瓶にすべての材料を入れ、蓋を閉め
   て、途中、何度かゆすりながら寝かす。
   2ヵ月後にキッチンペーパーでこし、保
   存瓶に入れる。3ヵ月後から飲み頃に。

パイナップルのお酒のソーダ割り

パイナップルのお酒大さじ 3 を、クラブ
ソーダ 100ml と氷で割る。

食物繊維が
腸の調子を整える

整腸作用をもつパイナップルの食物
繊維。豊富に含まれるカリウムは高
血圧の予防にも。

桃

あの香り、あの味。あまりにもおいしくて、初夏に出まわり始めてから夏が終わるまで、何度も買ってしまう果物です。生で食べるのはもちろん、ひと手間かけるとまた違った、びっくりするほど贅沢なおいしさに出会えて感動します。

←桃のコンポート

ただよう甘い香りと、淡いピンク色に染まった丸い果実。桃のコンポートは、とても贅沢なデザートです

材料
- 桃……6 個
- グラニュー糖……200g
- 白ワイン……600ml
- 水……400ml
- バニラビーンズ……1 本

作り方
1 桃の皮を湯むきする。
2 鍋に桃以外の材料をすべて入れ、中火にかける。
3 砂糖がとけたら桃を入れ、煮立ったらアクを取りのぞく。
4 弱火にして、丸く切ったクッキングペーパーで落とし蓋をし、20 分ほど煮る。
5 よく冷やして、いただく。

ベリーニ カクテル

世界的に有名な桃のカクテル、ベリーニの発祥はヴェネツィアのハリーズバー。作家ヘミングウェイの影響で世界中に知れ渡った有名なバーです。カクテルの名前は、ルネサンス時代のイタリア人画家ジョヴァンニ・ベリーニの名前を取ってつけられたそうです。

材料
- シャンパンまたはスパークリングワイン……グラス 3/4 杯
- 白桃のピュレ……1/4 個

作り方
1 桃のコンポートを、ミキサーでピュレ状にする。
2 グラスに桃のコンポートのピュレを入れ、よく冷えたシャンパンまたはスパークリングワインを注ぎ、マドラーで底のほうから、かき混ぜる。

整腸作用をもつ
桃の食物繊維

整腸作用をもつ桃の食物繊維はデトックスに効果的です。カリウムは高血圧の予防にも。

桃ジャム

生で食べておいしい桃をジャムにすると、その1個分の桃のおいしさを10倍の量に増やして味わえる感じがします。フレッシュな桃の味が、毎朝のトーストをわくわくするものに変えてくれます。

材料

1 桃の皮を湯むきする。

2 桃を半分に切り、種を取りのぞき、1cm角に切る。

3 鍋に桃を入れ、半量を手で握るようにつぶし、グラニュー糖を入れて中火にかける。

4 木ベラでかき混ぜながら、たえずアクを取る。

5 アクが少なくなってきたら、レモン汁を加え、さらに5分ほど煮て、できあがり。

作り方

● 桃……300g

● グラニュー糖……100g

● レモン汁……大さじ2

桃の泡盛

乳白色の色をした甘い香りのお酒。あまりのおいしさに、あっという間に飲み干してしまいます。桃がいちばんおいしい季節に、ぜひ作ってみてください。

材料
- 桃……2個
- 泡盛……700ml

作り方

1 桃は水でよく洗い、産毛を取りのぞく。

2 桃の皮を湯むきし、2つに割って種を取り、適当な大きさに切る。

3 保存瓶に桃を入れ、泡盛を注ぎ、蓋をして冷暗所で保存。

4 3日後、桃を取り出して、できあがり。3日以上漬けると苦くなるので、忘れずに取り出すこと。

びわ

びわも大好きな果実です。あんまりおいしくて、ひとりで1パックをたいらげてしまうことも。そんなびわのおいしさを、少しずつたいせつに味わうには、びわ酒がいちばん。深い香りがこころをとかす、至福のお酒ができました。

びわ酒

果実酒の王様といわれるびわ酒。こっくりとした深い香りは、こころとからだを奥底から癒してくれるような味がします。びわの葉も種もすぐれた薬効をもつそうで、漢方に使われています。

材料
- びわ……500g
- 氷砂糖……200g
- ホワイトリカー……900ml

作り方
1 びわはよく洗い、水気をよくふく。
2 保存瓶に、氷砂糖、びわを入れ、ホワイトリカーを注ぐ。
3 蓋をして、冷暗所で保存。2ヵ月後に実を取り出し、3ヵ月後から飲み頃に。半年以上置くと、芳醇な味わいに。

アンチエイジングと
高血圧の予防に

生のびわに豊富に含まれるβカロテン。アンチエイジングや高血圧の予防に効果が期待されます。

ざくろ

ざくろは、イランを原産地とする果実です。初夏に花を咲かせ、秋に実をつけます。最近は大きなスーパーなどで輸入物のざくろを手に入れやすくなっているので、シロップを作りたいとき、気軽に利用できます。

ざくろのシロップ

ざくろの果実を割ると、ルビーを思わせる透明な赤い小さな粒々の実がぎっしり。つまんで口に入れると、甘酸っぱい風味が広がります。

材料
- ● ざくろ……500g
- ● グラニュー糖……250g

作り方

1 ざくろは、手でパカッと割り、中の実を取り出す。

2 ボウルに取り出したざくろの実を入れ、グラニュー糖をまぶし、ラップをかけて1日、室温で置いておく。

3 水分が出てきたら、ザルでこすか、厚手のキッチンペーパーにくるんでしぼる。

4 冷蔵庫で保存。焼酎の水割りにたらしてもおいしい。

ざくろのシロップの赤ワイン割り

ざくろのシロップ大さじ3を、同量の赤ワインで割る。種をこし取らずに、種が入ったままのシロップを赤ワインで割ってもおいしい。

← ざくろのシロップのソーダ割り

大さじ3のざくろのシロップをクラブソーダ100mlと氷で割る。

こころ躍るルビー色のシロップ

こころ躍る赤いルビーのような色のグレナデンシロップ。カリウムなどのミネラル成分は、高血圧を予防する効果が期待されます。

Grape

ぶどう

ぶどうの旬の季節は、夏が過ぎた9月頃。いちばんおいしい時期を逃さずに、シロップとジャムを作ります。市販されているものではまず味わえない、ほんとうのぶどうの香りのするシロップと、皮の食感までおいしいジャムができあがります。

ぶどうシロップ ＋ おまけのぶどうジャム

色がとにかくきれいなシロップです。品種によってぶどうの色が違うので、いろいろ作って並べると、ちょっと自慢できそうです。濃い色のシロップは巨峰、少し淡い色のシロップはスチューベン。

材料
● ぶどう……1kg（巨峰やスチューベンなど、粒が大きく色の濃いもの）
● グラニュー糖……500g

作り方
1 ぶどうを計量し、洗って水気をよくきる。
2 ぶどうを半分に切る。
3 グラニュー糖を加え、中火にかけ木ベラでかき混ぜながら10分ほど煮る。
4 出てくるアクをきれいに取りのぞく。
5 ボウルにザルをのせ、キッチンペーパーを敷き、ぶどうの鍋をあけてこす。シロップが自然に落ちるのを待ち、保存瓶に移して、できあがり。
6 ザルに残った実は、皮と種を取りのぞき、鍋に入れ、グラニュー糖150gを加え強火で煮る。
7 こげつかないように、木ベラでたえずまぜながらアクを取る。
8 5分ほど煮たら、ジャムのできあがり。

ぶどうジャム

写真の手前左は甲斐路、その右奥は巨峰で作ったぶどうジャム。皮ごとジャムにしているので、ぶどうのおいしさをまるごと味わえて、おすすめです。いちばん奥は、シロップ作りの行程でできたスチューベンのジャム。こちらは、皮を取りのぞいて、あっさりめの食感に。

材料
- お好みのぶどう……500g
- グラニュー糖……200g
- レモン汁……大さじ3

作り方

1 ぶどうはよく洗い、半分に切って、種を出す。

2 さらに半分に切って、鍋に入れ、中火にかけ15分くらい煮る。

3 水分が少なくなったら、グラニュー糖を入れ、木ベラでかき混ぜながら、アクを取る。

4 アクが少なくなってきたら、レモン汁を加え、さらに5分ほど煮る。とろみがついたら、できあがり。

いちじく

プロヴァンスの有名なプリント生地屋さん、ソレイアードの工場の直営店を訪ねたとき、敷地内にいちじくの木を発見。じーっと見ていたら、お店のマダムが枝から実をもいでくれました。こぶりで濃い色のフランスのいちじくは、とてもおいしかったのです。

← いちじくのコンポート

いちじくのコンポートは、だんぜん赤ワインで煮ます。シロップは、シャーベットに。あますところなく、いちじくのおいしさを満喫できるレシピです。

材料
- いちじく……6個
- グラニュー糖……200g
- 赤ワイン……600ml
- 水……400ml
- シナモンスティック……1本

作り方
1 いちじくは、洗って水気をよくふく。
2 鍋にいちじく以外の材料をすべて入れ、中火にかける。
3 砂糖がとけたらいちじくを入れ、煮立ったらアクを取りのぞく。
4 弱火にし、丸く切ったクッキングペーパーで落とし蓋をし、30分ほど煮る。
5 よく冷やして、いただく。

← いちじくの シロップのグラニテ

コンポートの汁を容器に入れて冷凍庫へ。1時間後、少し固まったらフォークでザクザクとかきまわす。しばらくして、またフォークでかきまわすこと数回。グラニテ（シャーベット）のできあがり。めんどうなときは一気に固く凍らしたものを、大まかに砕きフードプロセッサーにかけ、再び冷凍庫に戻して30分。なめらかなジェラートのような食感です。

いちじくのジャム

いちじくの風味と、ぽってりとした食感を生かしたジャム。クリームチーズと、とてもよく合います。

材料
- いちじく……500g
- グラニュー糖……200g
- レモン汁……大さじ3

作り方
1 いちじくは洗って、水気をきれいにふく。
2 皮ごと、1cm角ぐらいのザク切りにする。
3 鍋にいちじくとグラニュー糖の半量を入れ、中火にかける。
4 木ベラでかき混ぜながら、アクを取り、水分が少なくなってきたら残りのグラニュー糖も加え、さらに煮る。
5 アクが少なくなってきたら、レモン汁を入れ、7〜8分煮る。とろみがついたら、できあがり。

食物繊維ペクチンのデトックス効果

いちじくに含まれる水溶性の食物繊維ペクチン。整腸作用をもち、有害な物質を排泄させる効果があります。多く含まれるカリウムは高血圧の予防にも。

洋梨

届いたばかりのまだ固い洋梨が、だんだんよい香りがしてきて、やわらかく食べ頃になるのを待つのも楽しいものです。コンポートやジャムにすると、まさにこれが洋梨のおいしさだ、と思えるような、とろりと甘く香り高い味に出会えます。

← 洋梨のコンポート

洋梨の香りに、八角とシナモンを加えて、
贅沢な香りを楽しむコンポートです。

材料
- 洋梨……6 個
- グラニュー糖……200g
- ワイン……600ml
- 水……400ml
- シナモンスティック……1 本
- 八角……2 個

作り方
1 洋梨の皮をむく。
2 鍋に洋梨以外の材料をすべて入れ、中火にかける。
3 砂糖がとけたら洋梨を入れ、煮立ったらアクを取りのぞく。
4 弱火にし、丸く切ったクッキングペーパーで落とし蓋をし、30 分ほど煮る。
5 よく冷やして、いただく。

高血圧の予防とデトックス

洋梨に含まれるミネラル成分のカリウムは、高血圧を予防する効果が期待されます。食物繊維にはデトックス効果も。

洋梨のジャム

洋梨のおいしさを、ぎゅっと凝縮したような味の、思わず感動してしまうジャムです。

材料
- 洋梨……300g
- グラニュー糖……100g
- レモン汁 ……大さじ 3

作り方
1 洋梨はよく洗い、皮をむいて 4 等分に切り、芯と種を取って、7mm 角に切る。
3 鍋に洋梨の半量を入れ、ポテトマッシャーでつぶす。
4 残りの洋梨とグラニュー糖を入れ、強火にかけ、木ベラでかき混ぜながら、アクをきれいに取る。
5 アクがすっかり出てこなくなったら、レモン汁を加え、5 分ほど煮て、できあがり。

フェイジョア

オリーブのように葉の表裏の色が違い、おしゃれな感じが庭木として人気の果樹。鉢植えで気楽に育てられ、実もなるので静かなブームが起きています。実には、パイナップルのような芳醇な香りがあり、味は洋梨やバナナに少し似ています。

**型抜きトーストに2種類の
フェイジョアのジャムを添えて**

薄く切ったパンを型で抜き、軽く
トーストして、フェイジョアのジャ
ムを添える。

←フェイジョアのお酒

グラスに注ぐと、誘うような甘い南国の香
りが、ふんわりと広がる魅力的なお酒です。

材料
- フェイジョア……500g
- 氷砂糖……200g
- ホワイトリカー……900ml

作り方
1 フェイジョアは洗って、水気をよくふく。
2 保存瓶に、氷砂糖、フェイジョアを入れ、
  ホワイトリカーを注ぐ。
3 蓋をして、冷暗所で保存。2ヵ月後に実
  を取り出し、3ヵ月以降から飲み頃に。

**陶然とする
フェイジョアの香り**

南米原産の果実フェイジョア。エキ
ゾチックな甘い香りは、気分をぱっ
と明るく引き立ててくれます。食物
繊維はデトックスに。

フェイジョア＆ラズベリー
フェイジョア＆ブルーベリーのジャム

フェイジョアだけでは、き
れいな色のジャムにならな
いので、かならずブルーベ
リーやラズベリーを加えて
作るのがポイントです。

材料
- フェイジョア……500g
- ブルーベリーまたは
  ラズベリー……200g
- グラニュー糖……250g
- レモン汁……大さじ3
- 水……50ml

作り方
1 フェイジョアは洗って皮をむき、
  5mm角に切る。
2 ベリーは洗ってザルに取り、水気
  をきっておく。
3 鍋にフェイジョアとレモン汁を入
  れ、木ベラでかき混ぜる。
4 3に水とグラニュー糖を入れ、中
  火にかけ、木ベラでかき混ぜなが
  ら、アクをきれいに取る。
5 アクがすっかり出てこなくなった
  ら、ベリーを加え、さらに煮て、
  アクをきれいに取りのぞく。とろ
  りとしたら、できあがり。

りんご

りんごといえば、小さい頃よく作った焼きりんごの味を思い出します。あの甘酸っぱい味と香り、しっとりした食感がたまりません。りんごは、生で食べるのはもちろん、火を加えると、さらにおいしさが増す果物です。

りんご酒

りんごのお酒の魅力は、ただひとこと！「芳醇な香り」です。

材料
- りんご……500g
- レモン……2個
- 氷砂糖……150g
- ホワイトリカー……900ml

作り方
1 りんごは、よく洗って水気をふき、1cm の輪切りにする。
2 レモンは、皮をむいて、白いワタの部分も包丁できれいにむき、半分に切る。
3 保存瓶にりんご、レモン、氷砂糖を入れ、ホワイトリカーを注ぐ。
4 冷暗所に保存し、1ヵ月後にレモンを取り出し、2ヵ月後にりんごを取り出す。3ヵ月後から飲み頃に。

赤いすりおろしりんごジャム

紅玉や秋映など真っ赤なりんごは、その皮の色をいかして、皮ごとすりおろしてジャムにします。果肉の食感も楽しむために、半量はザク切りにして加えます。

材料

● 皮の真っ赤なりんご……500g
● グラニュー糖……200g
● レモン汁……大さじ2

作り方

1 りんごは洗って4等分に切り、芯と種を取る。

2 1/2の量のりんごをすりおろし、残りは皮をむいて5mmくらいのいちょう切りにする。

3 鍋にすりおろしたりんごと、いちょう切りのりんご、グラニュー糖の半量を入れ、強火にかけ、木ベラでかき混ぜながら、アクをきれいに取る。

4 水分が飛んで、とろりとしてきたら、残りのグラニュー糖を入れ、引き続き木ベラでかき混ぜながら、アクをきれいに取る。

5 アクがすっかり出てこなくなったら、レモン汁を加え、7〜8分ほど煮て、できあがり。

「健康果実」りんごのデトックス効果

りんごに含まれるカリウムなどのミネラルは高血圧の予防に。水溶性の食物繊維ペクチンにはデトックス効果が期待されます。

シナモン風味のりんごジャム

大好きなアップルパイをイメージして、シナモンと煮た、りんごのジャムです。バターのたっぷり入ったパイよりも、このジャムとトーストのほうが、少しヘルシーな気がします。

材料

● りんご……500g
● グラニュー糖……200g
● レモン汁……大さじ2
● シナモンスティック……1/2本

作り方

1 りんごは洗って4等分に切り、芯と種を取り、皮をむき、5mmくらいのいちょう切りにする。

2 鍋にりんごと、グラニュー糖半量を入れ、強火にかけ、木ベラでかき混ぜながら、アクをきれいに取る。

3 水分が飛んで、とろりとしてきたら、残りのグラニュー糖とシナモンスティックを入れ、引き続き木ベラでかき混ぜながら、アクをきれいに取る。

4 アクがすっかり出てこなくなったら、レモン汁を加え7〜8分ほど煮て、できあがり。

Apple

2種類のりんごで
作ったジェリー
＋
おまけのジャム

りんごを煮出して作るジェリーの味は、と
ても贅沢なものです。りんごのジャムは、
ジャムというよりもデザートのよう。写真
の左ふたつは紅玉で作ったジャムとジェ
リー、右ふたつは富士で作りました。

材料
- りんご……500g
- グラニュー糖……250g
- レモン汁……大さじ2
- 水……3カップ

作り方

1 りんごは、洗って4等分に切り、皮を
　むき、芯を取る。

2 鍋にりんご、りんごの皮と芯、水を入れ、
　強火にかける。煮立ったら弱火にし、蓋
　をして30分くらいコトコト煮る。

3 ザルにペーパータオルを敷き、2の鍋を
　あけてこす。こしたあとの果肉はジャム
　にするので捨てずに取っておく。

4 こし取った煮汁を鍋に戻し、グラニュー
　糖、レモン汁を入れ、中火にかけ1/3量
　くらいになるまで煮つめる。

5 煮汁に、はちみつくらいのとろみがつい
　たらりんごのジェリーのできあがり。保
　存瓶に入れて冷蔵庫で保存。

6 取っておいた果肉を適当な大きさに切
　り、鍋に入れ、グラニュー糖100gを加
　え中火にかける。

7 木ベラでかき混ぜながら、アクを取り、
　とろみがついてきたら、おまけのジャム
　のできあがり。

チコリとくるみとゴルゴンゾーラのオードブル
りんごの「ジュレ」を添えて

とても簡単ですが、ホームパーティで出すと歓声の上
がるオードブルです。チーズとくるみに、りんごの甘
酸っぱいジェリーの味が、とてもよく合います。メ
ニューに「ジュレ」と書き込むと、なんだかおしゃれ！

材料
- チコリ……2個
- くるみ……100g
- きび砂糖……50g
- ゴルゴンゾーラチーズ……150g
- りんごのジェリー……適量

りんごのジャムと
ジェリーのパウンドケーキ
●●●●●●●●●●●●●●●●●●●●●●●●

りんごのジャムとジェリーを焼き込んだパ
ウンドケーキ。しっとり甘く、りんごの香
りが広がります。

材料
（＊分量は 18cm のパウンド型 1 個分）
● 薄力粉……120g
● アーモンドプードル……30g
● 無塩バター……150g
● 卵……3 個
● りんごのジャム……100g
● りんごのジェリー……大さじ 1
● グラニュー糖……80g

作り方
1 薄力粉とアーモンドプードルを合わせ
て、ふるっておく。バターは、室温でや
わらかくしておく。
2 パウンド型に分量外のバターをぬり、小
麦粉をはたいておく。オーブンを 180℃
に温める。
3 ボウルに無塩バターを入れ、泡立て器で
かき混ぜて、クリーム状にする。グラ
ニュー糖を加えて、さらに混ぜる。
4 白っぽく、フワッとしてきたら、卵をと
いたものを 2〜3 回に分けながら加え、
さらによく混ぜる。
5 卵とバターが分離しなくなるまでよく混
ざったら、粉類を入れてさっくりと混ぜる。
6 りんごジャムとジェリーを入れ、均一に
なるように混ぜる。このとき、あまりグ
ルグルと混ぜないように注意。
7 型に流し入れて、型をトントンと打ちつ
け、オーブンに入れて、35〜40 分焼く。
8 焼き上がったら粗熱を取り、型から出し
て、できあがり。

作り方
1 チコリは、根元に包丁を入れながら、葉っぱを傷つ
けないように 一枚一枚むく。洗って、水気をしっ
かりきっておく。
2 くるみはザク切りにして、フライパンでこんがりと
カラ炒りし、きび砂糖を加えてさらに炒る。砂糖が
キャラメル色になったら、火を止める。
3 お皿にチコリを並べ、ゴルゴンゾーラチーズをのせ
て、くるみを散らし、りんごのジェリーを糸状にま
わしかけて、できあがり。りんごのジェリーが固い
場合は、瓶ごとレンジで 30 秒ほど温めて使う。

かりん

かりんは、なんともいえない甘い香りが魅力です。咳止めや喉の痛みに効能があるといわれています。寒い冬がやってくるまえに、かりん酒とかりんのはちみつ漬けを作っておくと、さあ、これでひと安心という気がします。

←かりん酒

薬効があるといわれる種もいっしょに、お酒に漬けます。冬の寒い日、お湯割りにして風邪予防に。

材料
- かりん……500g
- 氷砂糖……150g
- ホワイトリカー……700ml

作り方
1 かりんは、洗って水気をふき、1cmの輪切りにする。とても固いので、手を切らないようにご注意。
2 保存瓶にかりん、氷砂糖を入れ、ホワイトリカーを注ぐ。
3 冷暗所に保存し、半年たったら、かりんを取り出す。渋が強いので、飲み頃は半年先から。

「のど飴」にも活用

かりんに含まれるクエン酸などの有機酸は疲労回復に効果を発揮。果肉は喉の調子を整える「のど飴」などにも活用されています。

かりんのはちみつ漬け

喉にいいといわれるかりん。冬の風邪の季節に備えて、準備しておくと重宝します。

材料
- かりん……500g
- はちみつ……500g
- 塩……適量

作り方
1 かりんは、洗って水気をよくふき取る。
2 4等分に切って、芯と種を取り、薄くスライスする。とても固いので手を切らないように、ご注意。
3 アクが多く、色がわるくなるので、塩水に浸して4～5時間置く。
4 4～5時間たったら、サッと水洗いして、よく水気をきる。
5 保存瓶に、かりんとハチミツを入れ、蓋をして上下によくふる。
6 毎日、瓶をよくふり、はちみつとかりんから出る水分をなじませる。
7 2～3日すると、できあがり。お湯割りにして飲む。

栗

栗のでんぷん質は、きめが細かくて、とてもしっとりとした味わいです。和菓子でも洋菓子でも、栗を使ったものは、どこか「特別」な感じがするのは、そのためなのでしょう。栗の保存食をいくつか蓄えておくと、お菓子づくりのレパートリーが広がります。

栗の渋皮煮

「手間のかかるもの」の代名詞のような栗の渋皮煮。食いしん坊な私は、つくるのが苦ではありません。でも、家族やお客様たちには、いかに手間と時間がかかるかをよく説明して、ありがたく食べるようにいいます。写真左はグラニュー糖を使い、栗の風味をすっきりといかして。右はきび砂糖でこっくりとした風味を加えて。どちらもそれぞれおいしいです。

材料
- 栗……1kg
- 重曹……大さじ5
- グラニュー糖またはきび砂糖
  ……500g
- ラム酒またはブランデー
  ……大さじ3

作り方

1 栗は、一晩、水に浸す。こうすると、鬼皮がやわらかくなって、皮をむくときにラク。

2 鬼皮をむく。渋皮に傷をつけないように慎重にむくこと。渋皮に傷をつけると、煮くずれやすく、できあがりに支障をきたすので、ここは手を抜かずにキッチリと。

3 たっぷりの水に、鬼皮をむいた栗を30分ほど浸しておく。

4 鍋に1.5Lほどの水を入れ、重曹を大さじ1とかし、栗を入れて中火にかける。

5 沸騰したら、弱火にして、アクをどんどんすくいとる。

6 水が赤黒くなったら、鍋に水道水を静かに注ぎ鍋のお湯をゆっくり冷やしながら、栗をきれいに洗う。ここでいきなり栗を取り出すと温度差で割れてしまうので、ご注意。筋など、ふやけて、取りのぞきやすくなっているので、指先で静かにはがす。真ん中に黒くて太い筋があるので、楊枝などで、丁寧に取り去る。

7 4、5、6の工程を3～4回繰り返しながら、ここでしっかりアク抜きする。

8 最後は、水がきれいになるまで何度も鍋の水を換え、きれいに栗を洗う。

9 鍋に水1.5Lとグラニュー糖を入れ、強火にかけ、煮立ったら、いったん火を止め栗を入れる。

10 ごく弱火で、1時間煮る。グラグラ沸騰させると栗がくずれてしまうので煮立たせないように、ご注意。

11 1時間たったら、好みのお酒を加え、蓋をして一晩置く。

12 翌日、清潔な保存瓶に入れて、冷蔵庫で保存する。保存は2ヵ月くらい。

栗の甘露煮

お正月のきんとんには欠かせない栗の甘露煮。金柑を煮たシロップ（p87）で味つけしたきんとんの上にたくさん飾ると、お正月料理としてとても豪華に見栄えがします。

材料

● 栗……500g
● 水……600ml（浸し置き用）
● くちなしの実……1個
● 水……500ml（シロップ用）
● グラニュー糖……500g
● みりん……100ml
● 日本酒……大さじ3
● 塩……小さじ1/2

作り方

1 栗は2〜3時間水に浸しておき、鬼皮と渋皮を包丁できれいにむく。水に浸しておくと、皮がやわらかくなって、むきやすい。渋皮が残っていると色がわるくなるので厚めに皮をむくのがポイント。

2 鍋に水600mlとくちなし、皮をむいた栗を入れ、一晩置く。

3 一晩たったら、くちなしを取り出し、そのまま弱火にかけ、竹串がスーッと通るくらいにゆでる。グラグラ沸かすと煮くずれるので、ご注意。

4 鍋肌から流水を入れ、栗が冷めるまで水にさらす。ここでいきなりゆで汁を捨てると、栗にヒビが入り割れてしまうので、ご注意。

5 別の鍋にシロップ用の水とグラニュー糖、みりん、酒、塩を入れ中火にかける。グラニュー糖がとけたら、弱火にし、栗を静かに入れる。

6 紙の落とし蓋をして、あまり煮立たせないように煮て、15分ほどしたら火を止め、そのまま一晩置いて味を含ませる。保存瓶に入れて、できあがり。

栗のシロップ煮

栗の甘露煮は、みりんと日本酒を加えて煮ますが、シロップ煮はラム酒を加えるので、ぐっと洋風の風味になります。カップケーキを焼いて、栗のジャムをのせ、この栗のシロップ煮をトッピングすると、「簡単モンブラン」のできあがり。簡単ですが、「洋菓子屋さんのモンブランよりもおいしい」と、友人たちにも好評です。

材料
● 栗……500g
● 水……500ml（下ゆで用）
● 塩……ひとつまみ
● 水……250ml（シロップ用）
● グラニュー糖……250g
● ラム酒……50ml
● バニラビーンズ……1本

作り方

1 栗は、2〜3時間水に浸しておき、鬼皮と渋皮を包丁できれいにむく。水に浸しておくと、皮がやわらかくなって、むきやすい。

2 鍋に水500mlと塩ひとつまみを入れ沸かす。

3 沸騰したら弱火にし、皮をむいた栗を入れ、やわらかくなるまで煮る。ぐらぐらと沸かしすぎると、煮くずれするので、ご注意。

4 栗がやわらかく煮えたら、鍋から静かに取り出しておく。

5 鍋にシロップ用の水とグラニュー糖を入れ中火にかける。沸騰したら、ラム酒とバニラビーンズを入れ、弱火にし、栗を静かに入れる。

6 紙の落とし蓋をして、あまり煮立たせないように煮て、15分ほどしたら火を止め、そのまま一晩置いて味を含ませる。保存瓶に入れて、できあがり。

栗のジャム

秋になると、艶々とした栗が、八百屋さんに並びます。タイミングを逃さずに、栗のジャムを作っておくと、ホットケーキ、ワッフルなどにのせるだけで、おいしい秋のおやつを楽しめます。

材料

- 栗……500g
- 水……100ml
- グラニュー糖……250g
- バニラビーンズ……1/2 本
- ラム酒……大さじ 1

作り方

1 栗は一晩、水に浸しておく。こうすると、鬼皮がやわらかくなって、皮をむくときにラク。

2 鬼皮と渋皮をきれいにむく。

3 鍋に栗を入れ、ヒタヒタになるくらいの水を入れ、強火にかける。沸騰したら弱火にして 30 分ほど、ゆでる。

4 やわらかくなったら、ザルにあけ、水気をよくきり、再び鍋に戻し、水 100ml とグラニュー糖を入れよく混ぜる。

5 鍋を中火にかけ、木ベラでかき混ぜながら、煮る。

6 沸騰してきたら、アクが出てくるので、こがさないように木ベラで混ぜながら、アクをとる。

7 アクが出なくなったら、バニラビーンズとラム酒を入れ、5 〜 6 分煮る。

8 艶が出てきたら、火を止め、ポテトマッシャーで栗をつぶして、できあがり。

カリウムが豊富に含まれる

栗に豊富に含まれるカリウムは、高血圧の予防に効果が期待されます。食物繊維はデトックスにも。

いよかん

いよかん、夏みかんなどの柑橘類には、ビタミンCをはじめ、クエン酸やカロテンなど、疲労回復や美肌作りに役立つ成分が豊富に含まれています。マーマレードのおいしさは、栄養成分をたくさん含んだ皮の部分の香り高さにあるのでしょう。

甘酸っぱい味と香りが疲労回復に

いよかんや夏みかんに含まれるクエン酸は、疲労回復に効果を発揮します。食物繊維はデトックスにも。

1

4

7

8

2

5

9

3

6

マーマレード

柑橘類の皮の香り高さをじゅうぶんに味わうためのマーマレード。こんがり焼いたイギリスパンにバターをたっぷり塗ってマーマレードをのせると、そのおいしさに、食べるたびに感動します。

材料

● 無農薬のいよかん……800g
● きび砂糖……450g

作り方

1 いよかんをよく洗い、皮に包丁で切り目を入れて皮をむく。房の中の果肉を取り出し、外側の皮は白い部分が苦いので、包丁で丁寧に切り取る。

2 外側の皮を包丁で細かい千切りにし、水にさらして、軽くもみ洗いする。

3 種は、ペクチンが取れるので捨てずに取っておいて、小鉢に入れヒタヒタになるくらいの水に浸しておく。

4 鍋にいよかんの皮と、ヒタヒタになるくらいの水を入れ、さっと煮る。

5 4をゆでこぼし、軽く苦みを取る。

6 鍋にいよかんの果肉と、5の皮と、種を浸しておいた水、きび砂糖を入れ、中火にかける。

7 沸騰してくるとアクがドンドン出てくるので、木ベラでかき混ぜながら、アクをきれいに取りのぞく。

8 20分くらい煮て、皮がやわらかくなったら火を止め、熱いうちに清潔な保存瓶に移す。

9 艶やかな、おいしいマーマレードのできあがり。

ゆず

ゆずの香りが加わるだけで、お菓子も料理も特別おいしくなるのですから、ゆずの威力はたいしたものです。わが家では、年中常備しています。皮だけでなく果肉も果汁も加えて、ゆずのおいしさをまるごと味わうために、はちみつ漬けとお酒を作ります。

← ゆずのはちみつ漬け

ゆずとはちみつは、抜群の相性です。お互いの力を引き出し合って、とてもおいしい、元気の出る味のシロップに。

材料
◎ ゆず……300g
◎ はちみつ……300g

作り方
1 ゆずはよく洗って、水気をきれいにふき取り、6等分のくし型に切る。
2 切ったゆずを保存瓶に入れ、はちみつを加える。
3 保存瓶の蓋をして、よくふる。
4 しばらくして、ゆずがしんなりして水分が出てきたら、できあがり。お湯割りにしたり、水割りにしていただく。保存は、冷蔵庫で1ヵ月くらい。

← ゆずはちみつエード

ゆずはちみつ大さじ2をミネラルウォーター（炭酸ガス入り）60mlと氷で割る。

果皮に含まれる香気成分リモネン

ゆずに含まれるクエン酸は疲労回復に効果を発揮します。香り高い果皮はマーマレードに。

ゆず酒

皮も種もいっしょに、氷砂糖とホワイトリカーだけで漬ける、ゆずのお酒。ゆずの香りを、ぎゅっと引き出した果実酒です。

材料
◎ ゆず……300g
◎ 氷砂糖……100g
◎ ホワイトリカー……600ml

作り方
1 ゆずは、ぬるま湯でよく洗い水気をふいたら半分に切り、中心から皮に向かってくし型に切る。
2 保存瓶にゆずと氷砂糖を入れ、ホワイトリカーを注ぐ。
3 冷暗所に保存し、1ヵ月後に実を取り出す。飲み頃は、2ヵ月後から。はちみつを加えて、お湯割りに。爽やかなソーダ割りもおすすめ。

ゆずのマーマレード

ゆずで作るマーマレードは、いよかんや夏みかんで作ったものより、香りと味が濃い感じにできあがります。ゆずの香りを、たいせつに味わうマーマレードです。

材料

- ゆず……600g
- きび砂糖……450g

作り方

1. ゆずは、洗って半分に切って種を取る。種からペクチンが取れるので捨てずに取っておき、小鉢に入れてヒタヒタになるくらいの水に浸しておく。

2. 房の中の果肉を丁寧に出し、果皮は白い部分が苦いので、スプーンでこそげ取る。

3. 皮を包丁で細かい千切りにし、水にさらして、軽くもみ洗いする。

4. 鍋にゆずの果肉と皮と種を浸しておいた水、きび砂糖を入れ、中火にかける。

5. 沸騰してくるとアクがドンドン出てくるので、木ベラでかき混ぜながら、きれいに取りのぞく。

6. 20分くらい煮て、皮がやわらかくなったらできあがり。

ホットゆずマーマレード

冬の寒い日、ゆずの香りのたちのぼる、温かい飲み物は、こころとからだをほっこりとさせてくれます。くるくるとグラスの中でゆずの皮がまわっているのも楽しげです。

材料

- ゆずマーマレード……大さじ1
- お湯……100ml

作り方

1. 耐熱性のガラスのコップにゆずマーマレードを入れ、熱湯を注いでかき混ぜる。

豚肉のマーマレード焼き

材料を混ぜ合わせてオーブンに放り込んでおけば、1品できてしまうので、ホームパーティなどにとても重宝する「ごちそう」レシピです。

材料
- 豚ひれ肉（ブロック）……400g を 2 つ（計 800g）
- 塩……適宜
- 粗挽き黒こしょう……適宜
- マーマレード……大さじ 3
- しょうゆ……大さじ 4
- バルサミコ酢……大さじ 4
- トマトケチャップ……大さじ 3
- にんにく……2 片（みじん切り）
- しょうが……ひとかけ（みじん切り）
- ローリエ……2 枚

作り方
1 豚ひれ肉は、表面に深さ 5mm くらいの切り込みを 1cm 間隔くらいに入れ、全体に、塩こしょうをふっておく。

2 マーマレード以下のすべての材料を混ぜ合わせて漬けダレを作り、ジップロックに豚肉と共に入れてチャックを閉め、しみこむようにもんで、2 時間ほど置いておく。

3 オーブンの天板にクッキングシートを敷き、4 隅をつまんで、ホッチキスでとめる。こうすると、天板に漬けダレがこげついたりせず、後片づけがラク。この上に、タレに漬け込んでおいた豚肉をのせる。

4 200℃に温めたオーブンに豚肉を載せた天板を入れて、40 分はど焼く。

5 焼き色のついたお肉に、漬けダレをまんべんなくまわしかけて（ローリエは取りのぞくこと）、もう 10 分焼く。

6 お肉を 1cm くらいの厚さに切り、天板のソースをまわしかり、ブロッコリーやプチトマトなどを盛り合わせて、できあがり。

ゆずのマーマレードの
シフォンケーキ

ふんわり軽いシフォンケーキは、数あるケーキの中でも特別です。ゆずの香りを加えて、じょうずに焼き上がると、満足感もひとしおです。

材料
（分量は 20cm の
シフォンケーキ型 1 個分）
● 卵黄……6 個
● 卵白……7 個
● ゆずのマーマレード……大さじ 2
● 牛乳……110ml
● 紅花油またはサラダ油……90ml
● 薄力粉……120g
● 塩……小さじ 1/2
● グラニュー糖……100g
● すりおろしたゆずの皮……適宜

作り方

1 オーブンを 180℃に温めておく。

2 卵を卵黄と卵白に分け、中位のボウルに卵黄 6 個分を入れ、大きいボウルに卵白 7 個分を入れておく。

3 卵黄を泡立て器でほぐしながら、ゆずのマーマレードを加え、よく混ぜる。

4 3 に牛乳を少しずつ加えながら、さらによく混ぜる。

5 4 に紅花油を少しずつ加えながら、さらによく混ぜる。

6 卵黄が白っぽくとろりとなってきたら、薄力粉を粉ふるいで、ふるいながら加える。

7 粉がよく混ざるまで、ぐるぐるとしっかり混ぜる。ホットケーキの生地のような状態になれば OK。

8 メレンゲを作る。卵白を泡立て器でほぐしながらよく混ぜ、塩を加えて、さらによく混ぜる。

9 8 にグラニュー糖の半分を加え、泡立てる。白っぽく泡立ってきたら、残りのグラニュー糖も加え、さらによく泡立てる。

10 さらにしっかり泡立て、艶が出てボウルを逆さまにしても落ちないくらい固く泡立ったら OK。

11 卵黄のボウルにメレンゲの 1/3 の量を加え、泡立て器で、手早くしっかりと混ぜる。

12 よく混ざったら、残りのメレンゲの半量を加え、さらによく混ぜる。

13 残りのメレンゲも加え、メレンゲの泡を消さないようにボウルの底からザックリと大きく混ぜる。

14 だいたい混ざったところで、ゴムベラにかえ、ボウルの底にたまったメレンゲも残さず混ぜ合わせる。

15 すりおろしたゆずの皮を混ぜ、シフォン型をまわしながら、高い位置から生地を流し込む。このとき、型に油を塗ったり、粉をはたいたりしないこと。

16 オーブンに入れて、30 分ほど焼く。オーブンによって時間差があるので、調整する。焼きすぎると、生地が冷めてからしぼんでしまうので、長くても 35 分くらいを目安にする。

17 焼き上がったら、型を逆さまにして、冷ます。生地を型に貼りつかせたまま、ぶら下げた状態で冷ますことで、膨らみをキープする。底がどっしりと座ったリキュールの小瓶など、首の細い瓶に挿して冷ますと安定感がある。

18 完全に冷めるまで待って、型からはずす。温かいうちにはずすとしぼんでしまうのでご注意。まず、膨らみすぎて型からはみ出た部分を切り落とす。次に、型と生地の間にパレットナイフを差し込み、少しずつナイフを上下させながら、型からぐるりとはずす。中心の筒のまわりも同じようにはずす。中心の筒を持ちながら、型の底の部分にパレットナイフを挿し込み、丁寧にはずす。ひっくり返して筒をはずし、お皿にのせる。

オレンジ

柑橘類の中でも、とくにオレンジには、南欧の明るい太陽のイメージを感じます。気分を晴ればれさせてくれるオレンジのお酒、果皮を砂糖漬けにしたオレンジピールなど、みずみずしい色と香りを存分に楽しみながら作ります。

オレンジワイン

材料
- オレンジ……3個
- 無農薬レモン……1個
- きび砂糖……100g
- 白ワイン……750ml
- ブランデー……200ml
- バニラビーンズ……1本

豊かな食文化を誇る南仏で、古くから家庭に伝わるお酒です。家庭ごとに、幾通りもの自慢のレシピがあるそうです。

作り方

1 オレンジは、よく洗って4等分くらいのくし型に切る。

2 レモンは、皮の白い部分が苦いので、なるべく表面の黄色い皮を使うようにむく。果肉の部分は、白い皮の部分をなるべく取りのぞき、3等分くらいの輪切りにする。バニラビーンズは、半分に切り、縦に筋を入れておく。

3 保存瓶にオレンジ、レモン、きび砂糖を入れ、白ワイン、ブランデーを注ぎ、蓋を閉めてよくふる。

4 冷暗所で2ヵ月寝かしたら、中身をザルでこし、再び保存瓶に入れ、半年寝かせる。よく冷やして、いただく。

ゆず・レモン・オレンジ・すだちの砂糖漬け

材料
- 好みの柑橘類の皮……150g
- グラニュー糖……250g
- 水……500ml

作り方

1 柑橘類を6等分のくし型に切り、皮から実をはずす。

2 1の皮を鍋に入れて、たっぷりの水を注ぎ火にかけ2～3回ゆでこぼす。指でちぎれるほど、やわらかく煮る。

3 ザルにあけ、水気をきる。

4 鍋に水とグラニュー糖50gを入れて煮立たせ、3の皮を加え、紙蓋をして20～30分煮含める。

5 さらにグラニュー糖50gを加え、紙蓋をして20～30分弱火で煮る。

6 1日置き、再びグラニュー糖50gを加え、紙蓋をして20～30分弱火で煮る。

7 6の行程をもう1度くり返す。

8 1日置き、最後に残りのグラニュー糖50gを加え、今度は水分を飛ばすため、紙蓋はせずに弱火にかける。こうして、糖度をしだいに上げながらじっくり煮含めることで、固くない透明感のある砂糖漬けができる。

9 水分が飛ぶまで煮たら、一晩置いて、味をなじませる。

10 金網にのせ、1～2日干して乾燥させる。急ぐときは、100℃のオーブンで水分を飛ばし、乾燥させる。葉っぱの型で抜き、グラニュー糖（分量外）をまぶしてできあがり。

気分を爽やかにするオレンジの香り

オレンジに含まれるクエン酸は疲労回復に効果を発揮します。甘くみずみずしい芳香が気分を爽快に。

金柑

クリスマスのオーナメントみたいにかわいい金柑。皮ごと食べられるので、皮に豊富に含まれる栄養成分を、まるごととることのできる柑橘類のひとつです。ほろ苦い味をまろやかにして、風味に変えるところが、金柑を煮るときのポイントです。

金柑のコンポート

砂糖と水だけで煮ると、金柑のほろ苦さが強く残りすぎるようです。白ワインを加えてコトコト煮るだけで格段においしく仕上がり、みんなほんとうにびっくりしてくれます。

材料
- 金柑……500g
- 白ワイン……400ml
- 水……200ml
- グラニュー糖……250g

作り方
1 金柑をよく洗い、ヘタを竹串で取りのぞき、全体にプスプスと穴をあける。皮が固いものは、包丁で縦に数本切り込みを入れると、やわらかく煮ることができる。

2 鍋に金柑以外の材料を入れ、中火にかける。

3 沸騰したら、金柑を入れ弱火で煮る。アクが出てきたらきれいに取る。

4 15分ほど煮たら、できあがり。

カルシウムが豊富に含まれる
金柑に豊富に含まれるカルシウム。ストレスの予防に効果が期待されます。

［ ハーブ ］

Herb

ミント

古代ローマ時代には、ミントは勇気と活力の象徴とされ、男たちは体中に擦りつけて自分の存在を誇示したそうです。庭に植えると元気に育って、どんどん広がっていくミントからは、強く爽やかな生命力を感じます。

ミントのお酒

フレッシュなペパーミントの清涼感にレモンを足して、ぎゅっと凝縮した爽やかな香りのお酒です。気分が落ち込んだときの特効薬に！

材料
- フレッシュペパーミント……200g
- 無農薬レモン……1個
- 氷砂糖……100g
- ホワイトリカー……500ml

作り方

1 ペパーミントをよく洗い、ペーパータオルで水気をふき取る。

2 レモンは皮をむき、白いワタが苦いのできれいに取りのぞき、果肉をくし型に切る。

3 保存瓶に、氷砂糖、ペパーミントの葉、レモンの果肉、ホワイトリカーを入れ、蓋をして冷暗所で保存。1週間たったら、こしてできあがり。

ミント酢

爽やかな香りのお酢は、サラダのドレッシングに使います。生野菜の中では、きゅうりとの相性が抜群。スライスしたきゅうりに塩をふり、しんなりしたら、ミント酢とはちみつを混ぜたものに和えるだけ。おいしいきゅうりの酢の物のできあがり。

材料
- 生のペパーミント……200g
- 米酢……500ml

作り方

1 ペパーミントをよく洗い、ペーパータオルで水気をふき取る。

2 保存瓶にペパーミントを入れて、米酢を注ぐ。

3 蓋をして冷暗所で保存。2週間たったら、ミントをこして、できあがり。

清涼感な香りが気分をリフレッシュ

すーっと爽やかなミントの香りには、イライラしているときや落ち込んでいるとき、気持ちをぱっとリフレッシュしてくれる効果があります。

フレッシュミント
コーヒー

爽やかなミントの香りが、頭をスッキリとさせます。専門学校時代、卒業制作が間に合わなくて卒業が危ぶまれたとき、担任の先生が「制作途中の作品とパジャマをもっていらっしゃい！」と、ご自宅に呼んでくださいました。泊まり込んでの制作中、睡眠不足でボーッとしていたところに、先生みずから淹れてくれた思い出のコーヒーです。

材料
- フレッシュミント……適量
- コーヒー豆を挽いたもの……適量
- お湯……適量

作り方
1 コーヒーフィルターにコーヒー豆とミントの葉を入れ、ドリップする。

ミントのシロップ

たくさんのバラと共に、ハーブも数種類、庭で育てています。摘みたてのハーブの香りはすばらしく、フレッシュハーブがあれば、お料理がいちだんとおいしくなります。ただ、生育旺盛なハーブは、まめに剪定しないとたちまち無残な姿になってしまいます。いつも姿よく、青々と茂らせるには、こまめな剪定が必須です。真夏には、切っても切っても伸びてくるミントがもったいなくて、ミントのシロップを作ってみました。

材料
- ミントの葉……100g
- グラニュー糖……200g
- 水……200cc

作り方
1 小鍋に水を入れて火にかけ、砂糖を加えてとかす。
2 ミントは、水洗いし、水気をきって茎を取り、葉をフードプロセッサーで、細かく刻む。そのとき、大さじ1〜2の水を加えるとフードプロセッサーの中でよく回転して細かくしやすい。フードプロセッサーがないときは、包丁で細かく刻む。
3 冷ましたシロップに刻んだミントの葉をくわえてよく混ぜ、保存瓶に入れて冷蔵庫で保存する。

＊冷蔵庫で1週間ほど保存可能。

ミントのかき氷

5月頃から真夏のような暑さになる昨今、ミントのシロップをかけたかき氷の、爽やかなミントの香りにホッとします。また、料理の合間に、小さな器に盛ったミントのかき氷をお出しすると、すっきり爽やかなお口直しとして好評です。ミントのシロップを炭酸とホワイトラムで割れば、モヒートカクテルが手軽に作れます。ミントのシロップに白ワインを加え、冷凍庫に入れて、30分ごとにざっくりと混ぜながら凍らせれば、爽やかなミントのソルベができあがります。

数年前から、インスタ映えすると人気のバタフライピー。蝶豆と呼ばれるマメ科の多年草です。ブルーマロウのハーブティよりも鮮やかな、びっくりするような青色のお茶、バタフライピーのドライハーブティも市販されています。

バタフライピー

バタフライピーの シロップ

バタフライピーの青は、まるでインクのような青色です。レモンの酸で、このブルーが紫からピンクへ変化していく様子は、とても美しくて楽しいです。おもてなしのウエルカムドリンクに、バタフライピーのシロップを炭酸水で割って、ブルーのソーダ水にします。レモンを入れれば、紫からピンクへと変わる様が、お客様のおもてなしにもピッタリです。わが家では、夏休み恒例の「お家かき氷」のときに出してみたら、息子もそのお友達も歓声をあげて大喜び（笑）！ こんなサプライズも楽しいものですね。

材料
● バタフライピーのハーブティ……大さじ2
● グラニュー糖……250g
● 水……300ml

作り方
1 小鍋に水を入れて沸かし、バタフライピーのハーブティを入れて煮出す。

2 グラニュー糖を入れてとかす。

3 冷めたら、茶こしでこして瓶に入れ、冷蔵庫で保存する。

＊冷蔵庫で1週間ほど保存可能。
＊青インクのようにきれいな色に仕上げるためにグラニュー糖を使います。きび砂糖だと色がくすみます。

バラ

バラが大好きで、自宅の庭で150品種ほど育てています。バラがもっとも美しい5月、友人を招いて、バラ尽くしのアフタヌーンティパーティを開きます。焼きたてのスコーンにバラのジャムを添えて。紅茶は、もちろんイングリッシュローズティ。

気持ちを明るく前向きにしてくれる

バラの花の甘い香り、美しい色は、気持ちを明るく前向きにしてくれます。イライラした気分を、やさしく鎮めてくれる効果も。

バラのジャム

バラのジャムには、花びらが細かくて色の濃いものを選びます。花びらが細かいバラで作ると、ジャムにして紅茶に入れたとき、桜茶のようにぱっと散ってきれいです。わが家に咲くつるバラ「キング」は濃いピンク。「ブラッシュ ランブラー」は淡いピンク。2色のバラをブレンドして、鮮やかなジャムができました。仕上げにローズシロップをたらして、ダマスクローズの香りを加えます。

材料
- バラの花びら……250g
- 水……大さじ2
- グラニュー糖……200g
- 無農薬のレモン汁……1個分
- ローズシロップ……大さじ1

作り方

1 花を摘み、ガクから花びらをはずす。

2 サッと水ですすぎ、ザルに取り、水気をきる。

3 鍋に水と花びらを入れ、しんなりするまで弱火で煮る。

4 グラニュー糖とレモン汁を加え、木ベラで混ぜながら、グラニュー糖をとかす。

5 とろみが出てきたら、火を止め、ローズシロップを混ぜて、できあがり。

バラのお酒

シャンパンで割ってカクテルにしたり、紅茶にたらしたり、ケーキに焼き込んだり。バラの香りと色を1年中楽しめる、優雅なバラのお酒です。

材料

● 香りのよいバラの花びら
　……100g（またはハーブティ用のドライのバラの花びら）
● 氷砂糖……50g
● ホワイトリカー……800ml

作り方

1 バラの花は、洗って水気をきり、ガクとシベを取りのぞいて、1枚ずつ花びらをバラバラにする。

2 保存瓶に氷砂糖とバラの花びらを入れ、ホワイトリカーを注ぐ。

3 蓋をして、冷暗所で寝かす。

4 1ヵ月後、花びらをザルでこし、保存瓶に入れて、できあがり。

バラのシフォンケーキ

ほんのりとバラの香りが漂うシフォンケーキ。とても軽いケーキ
なので、甘いものが苦手な方にも大好評。バラの季節には、たく
さん焼きます。

＊作り方は p.85 の「ゆずマーマレードのシフォンケーキ」とほ
ぼ同じ。4 つめのプロセスを、バラのシフォンケーキでは、つぎ
のような手順に変える。
プロセス 4 「3 に牛乳とローズリキュールを混ぜたものを少し
ずつ加えながら、さらによく混ぜる」

材料
（分量は 20cm のシフォンケーキ型 1 個分）
● 卵黄……6 個
● 卵白……7 個
● バラのジャム……大さじ 2
　（花びらを細かくみじん切りにしておく）
● 牛乳……60ml
● ローズリキュール……50ml
● 紅花油またはサラダ油……90ml
● 薄力粉……120g
● 塩……小さじ 1/2
● グラニュー糖……100g

ルバーブ

見た目は蕗のようですが、甘酸っぱくて、煮るとすぐにとろとろになるので、あっというまに、おいしい風味のあるジャムができます。ぶつ切りにして砂糖をふるだけで、パイのフィリングにも。家庭菜園で手軽に育てられるところも人気です。

ルバーブジャム

材料
- ルバーブ……300g
- きび砂糖……180g

ルバーブの茎の根元のほうの赤い部分だけで作ると、赤いルバーブジャムができます。

作り方
1 ルバーブの茎の部分をよく洗い、水気をよくふき取る。

2 ルバーブを 1cm くらいのザク切りにする。

3 鍋にルバーブを入れ、きび砂糖をまぶして、1 時間ほど寝かせる。

4 1 時間たったら、中火で煮る。木ベラでかき混ぜながら、アクをきれいに取る。

5 茎がとろとろになり形がなくなってきたら、5 〜 6 分煮つめて、できあがり。

食物繊維の
デトックス効果

甘酸っぱい味のもとはクエン酸。ルバーブの仲間は、漢方では「大黄」として下剤に活用されています。

りんごの香りのカモミール。『ピーターラビット』の物語では、お腹が痛いときに、お母さんが飲ませてくれるのがこのお茶です。喉からの熱や風邪に効き、眠れない夜は、ホットミルクにカモミールティを加えて飲むと、穏やかな眠りにつくことができます。

カモミール

フレッシュ カモミールティ

お好みで、はちみつを入れてもおいしいです。

材料
- 生のカモミールの花……適宜
- お湯……適宜

作り方

1 ポットにカモミールの花を入れ、お湯を注ぐ。

りんごに似たやわらかな香り

りんごのような香りが、神経の高ぶりや不安を鎮め、気分をゆったりと落ち着かせてくれます。風邪の引き始めにも。

しそ

東洋の代表的なハーブのしそ。庭やコンテナで育てておくと、夏中、摘んで薬味にできるので、とても重宝します。青じその香りを添えるだけで、料理のおいしさは数段アップ！　整腸作用があり、解熱、食あたりにも効能があるそうです。

赤じそ酢 ＋ 青じそ酢

赤じそ酢は、カブなどを漬けるとピンク色に染まってきれいです。青じそ酢は、強くフレッシュな香りをいかしてアジのマリネや南蛮漬けに。

材料
● しそ……10枚くらい
● りんご酢……200ml

作り方
1 しそはよく洗い、水気をきれいにふく。
2 香りが出やすくなるように、3等分くらいに切る。
3 保存瓶にしそを入れ、りんご酢を注ぐ。
4 蓋をして冷暗所で2週間寝かし、ザルでこす。

食欲のわく 青じその香り

しその独特の風味が食欲を増進させます。カロテン、ビタミンC、カルシウム、鉄を豊富に含む。

赤じそシロップ

暑い夏、赤じそシロップを水と氷で割ったジュースは最高です！グビグビ飲んでしまうので、たくさん作ります。

材料
- 赤じそ……500g
- 水……1800ml
- グラニュー糖……700g
- 無農薬レモン……3個
- りんご酢……200ml

赤じそシロップのジュース
•••••••••••••••••••••••••••••
赤じそシロップ大さじ3をミネラルウォーター（炭酸ガス入り）100mlと氷で割る。

作り方

1 赤じそは、よく洗い、ザルに入れて水気をきる。

2 鍋に水を入れて、中火にかけ、沸騰したら赤じそを入れ10分ほど煮る。

3 赤じそを鍋から出し、ザルに入れて軽くしぼる。
（あまりギュウギュウしぼらないよう注意）

4 赤じそを取りのぞいた鍋を強火にかけ、グラニュー糖を入れ、とけたら中火にしてアクをきれいに取りながら、そのまま10分ほど煮る。

5 ボウルにペーパータオルを敷いたザルをのせ、鍋の液体をこす。

6 レモン汁、酢を加え、よくかき混ぜ保存瓶に注いで、できあがり。作ってすぐから飲める。保存は冷蔵庫で約1年。

しそキムチ
•••••••••••••••••••••••
シロップを作ると大量に残る赤じその葉は、もったいないのでキムチにします。これがまた、とてもおいしくて、焼酎のおつまみや、白いご飯によく合います！

材料
- 赤じそシロップを取ったあとの赤じそ……500g
- にんにく……2かけ
- しょうゆ……大さじ6
- 水……大さじ3
- みりん、ごま油……各大さじ2
- 白ゴマ……大さじ3
- 粉唐辛子……大さじ2

作り方

1 赤じそは、葉がちぎれないよう気をつけながら、しっかりしぼる。

2 にんにくは、細かいみじん切りにし、フライパンに、しょうゆ、水、みりん、ごま油、粉唐辛子をいっしょに入れ火にかけて、煮立たせる。

3 しぼった赤じそを広げながら、フライパンに入れ、菜ばしでクルクルかき混ぜて、2〜3分たったら、火を止めそのまま、冷ます。

4 ジップロックに入れ、冷蔵庫で保存。保存は約1週間。

しょうが

「風邪かな？」と思ったとき、「なんだか疲れた」と感じたとき、しょうがで作った飲み物は、とても頼りになります。ピリッとした辛み成分が血行を促してくれるから、寒い冬はもちろん、夏の疲労回復にも、積極的に取り入れたいしょうがの威力です。

しょうがエード

しょうがのシロップ大さじ2をミネラルウォーター 100ml と氷で割る。

しょうが湯

しょうがのシロップ大さじ1を好みの量の熱湯で割る。

しょうがのシロップ

きび砂糖を加えて弱火でとろとろと煮込むことによって、しょうがの強い辛みがまろやかに変わります。熱湯を注いで作るしょうが湯は風邪の防止に、炭酸水で割れば夏バテ防止に。1年を通して、作り置きたい定番シロップです。

材料
- しょうが……200g
- 水……400ml
- きび砂糖……200g
- ラム酒……大さじ1

作り方

1 しょうがをよく洗い、皮ごとすりおろす。

2 すりおろしたしょうがと水を鍋に入れ弱火で20分ほど煮る。

3 2にきび砂糖を加え、木ベラで混ぜながら弱火で15分ほど煮てラム酒を加える。ゆるく煮つめたところで、できあがり。ここでもうひと手間かけて、ザルでしょうがの繊維をこし取り、とろりとした液状のシロップに仕上げてもよい。保存は冷蔵庫で3ヵ月。

シナモン風味の しょうがのジャム

アッサムなどの紅茶にとかして飲む
と、とてもおいしいシナモン風味の
しょうがのジャム。冷えは万病の元
と聞きます。しょうがのジャムを冷
え症の妹に届けるととても喜んでく
れます。

材料
- しょうが……150g
- 無農薬レモン……1個
- きび砂糖……100g
- はちみつ……100g
- シナモンスティック……1本
- クローブ……3粒
- 八角……1個

作り方
1 しょうがは、よく洗って土などを
　きれいに落とし、水気をふき、皮
　ごとすりおろす。

2 レモンをしぼっておく。

3 鍋にすりおろしたしょうがと砂
　糖、はちみつ、シナモンスティッ
　ク、クローブ、八角を入れ、こが
　さないように木ベラでたえずかき
　まぜながら、強火で煮る。

4 アクが出てきたら、きれいに取る。

5 アクが出なくなったら、レモン汁
　を入れ、2〜3分煮て、できあが
　り。

しょうがのジャムのチャイ

ミルクたっぷりのチャイにしょう
がのジャムを加えて、ほっと温ま
る飲み物に。体温が上がると、
免疫力もアップするそうです。

血行をよくして、 元気を回復!

しょうがに含まれる辛み成分
には、血行を促進し、体を温
める作用があるので、風邪の
引き始めや冷え性、生理痛に
も有効。

しょうがの
はちみつ漬け

体を温めるしょうがと、即エネルギーとなるはちみつの組み合わせ。常備して、冬はお湯割りに、夏は冷たくして召し上がれ。

材料
- しょうが……300g
- 無農薬レモン……1個
- はちみつ……300g
- 八角……1個
- シナモン……2本

作り方

1 しょうがはきれいに洗い、水気をふき取り、皮ごと薄くスライスする。

2 レモンは洗って水気をふき、皮と白いワタをのぞき、3等分くらいの輪切りにする。

3 保存瓶にしょうが、レモン、はちみつ、八角、シナモンを入れ、蓋をして冷暗所で寝かせる。

4 しょうがから水分が出てきたら、すぐ飲み頃。保存は冷蔵庫で1ヵ月くらい。

← しょうがのはちみつ漬け
シロップのスカッシュ

しょうがのはちみつ漬けのシロップ大さじ2を、ミネラルウォーター（炭酸ガス入り）100mlと氷で割る。

しょうがの黒糖シロップの
簡単豆腐デザート

ダイエットに挑戦している友人のために考えた、低カロリーでおいしいおやつのレシピです。男性にも大好評！

材料
● 絹ごし豆腐……1丁
● しょうがの黒糖シロップ……適量
● しょうがの砂糖漬け……適量

作り方
1 しょうがの砂糖漬けは半量を千切りにし、もう半量はホイルの上に並べて、グラニュー糖を適量ふりかけ、トースターでこげないように気をつけながらカリカリにし、さらにみじん切りにする。

2 絹ごし豆腐は、きれいな立方体になるように切る。丸いセルクル型で抜いてもよい。

3 器に豆腐を盛り、千切りのしょうがの砂糖漬けをのせ、しょうがの黒糖シロップをかけ、さらに、カリカリにしたしょうがの砂糖漬けをパラパラとふる。ミントの葉を飾って、召し上がれ。

しょうがの黒糖シロップ
＋
しょうがの砂糖漬け

しょうがと黒糖の味は相性抜群。ぜひ、上等の黒糖で作りましょう。くずきりにもぴったり。

材料
● しょうが……250g
● 沖縄の黒糖……400g
● 水……500ml
● グラニュー糖……50g
　（しょうがの砂糖漬け用）

作り方
1 しょうがはきれいに洗い、水気をふき取り、皮ごと薄くスライスする。

2 鍋にしょうがが浸るくらいの湯を沸かし、しょうがを入れてひと煮立ちさせて、一度ゆでこぼす。

3 水に黒糖を加え火にかけ、煮立ったら2のしょうがを加え、さらにひと煮立ちさせる。

4 上に浮いたアクをきれいにすくい、しょうがを取り出し、冷めたらシロップをビンにつめる。保存は冷蔵庫で約1年。

5 取り出したしょうがは、鍋に入れて、グラニュー糖50gを加える。木ベラでかき混ぜながら、水分を飛ばして、しょうがの砂糖漬けのできあがり。保存容器に入れて、冷蔵庫で保存。

うこん

うこん（ターメリック）といえばカレーの黄色の元としてよく知られていますが、この黄色の色素成分クルクミンは、乳製品のラクトースといっしょに摂取すると吸収されやすいそうです。そこで、牛乳を使ったチャイとヨーグルトで作るラッシー。おすすめです。

うこんとしょうがのジャムのチャイ

家族も自分自身もだんだん歳を取ってきて、いつまでも元気で過ごせるよう気遣うようになりました。健康は、毎日の食からと強く思います。「医食同源」という言葉がありますが、からだが何を必要としているのかを意識して食べる、ということが大事なのでしょう。インドや中国では何千年も昔からハーブやスパイスが日々の食事に使われています。認知症の発症を抑え、脳の老化を防ぐ効果が期待されているうこんは、乳製品といっしょに摂取すると吸収されやすいそうです。そこで良質のタンパク質とカルシウムが摂れる牛乳に、からだを温め、血行をよくするしょうがのジャムを加えて温めたチャイに、うこんをさっとひとふりしていただきます。お年寄りはもちろん、寒い季節に、家族みんなでおいしくいただきたい飲み物です。

材料

- うこん（ターメリック）……適宜
- しょうがのジャム……好みの量
- 牛乳……200ml

作り方

1 牛乳を小鍋に入れて、沸騰させないように温める。牛乳をマグカップに入れて、レンジで温めてもよい。
2 温めた牛乳に手作りしょうがジャムを好みの量加え、よく混ぜ、うこん（ターメリック）をふりかける。

うこんとしょうがのジャムのラッシー

うこんとしょうがのジャムを加えて冷たく冷やしたヨーグルトの飲み物、ラッシーは、とても新鮮なおいしさです。うこんの栄養成分の吸収を助ける乳製品のヨーグルトと合わせます。

材料

- うこん（ターメリック）……適宜
- しょうがのジャム……好みの量
- ヨーグルト……好みの量

作り方

1 プレーンヨーグルトに、しょうがのジャムをお好みの量を加えて、よく混ぜる。
2 冷たく冷やした水で、好みの濃度に薄め、うこん（ターメリック）をふりかける。

肝臓の働きを助けて食欲不振を改善

二日酔いに効くといわれるうこん。黄色の色素成分のクルクミンは、老化や認知症の発症を抑えるといわれ、注目を集めています。

ローズマリー

庭にローズマリーは、かかせません。植えておけば、手入れいらずのローズマリーですが、まめに剪定しないと木質化して、香りのよい葉が茂りません。剪定もかねて、どんどん使いましょう。常緑なので、いつでも収穫できて便利です。

フレッシュ
ローズマリーティ

すっきりと気持ちを切り替えさせてくれる、すがすがしい香りのお茶です。

材料
● フレッシュローズマリー
　……適量
● お湯…………適量

作り方
ポットにローズマリーを入れ、お湯を注ぐ。

針葉樹に似た
清冽な香り

強い芳香には、疲れた頭をすっきりさせ、記憶力や集中力をよみがえらせる効用があるといわれています。

ローズマリー
ヴィネガー

このヴィネガーを常備しておくと、塩と上質のオリーブオイルと粗挽きこしょうと合わせて、ゆでたじゃがいもをはじめ、温野菜用のおいしいドレッシングを手早く作れます。

材料
● フレッシュローズマリー……3本
● りんご酢……500ml

作り方
1 ローズマリーはよく洗って、水気をすっかりふき取る。
2 保存瓶にローズマリーを入れ、りんご酢を注ぐ。カビを防ぐため、ローズマリーが完全に酢に浸るようにすること。そのまま、1週間寝かせる。

ローズマリーとディル
のヴィネガー

作り方は、ローズマリーヴィネガーと同様に。ローズマリーにディル
を加えたヴィネガーにオリーブオイルと塩を合わせると、スモーク
サーモンや山羊の乳のチーズ、シェイブルを使ったサラダにぴったり。

材料

● フレッシュローズマリー……3本
● フレッシュディル……3本
● りんご酢……500ml

セージ

ヨーロッパでは、「セージを植えている家には病人が出ない」と
いわれるほど、古くから薬効にすぐれたハーブとされてきたそう
です。セージの味と香りにひそむかすかな苦みは、そんな薬効を
連想させ、おいしさを倍増させます。

フレッシュセージティ

フレッシュセージのお茶
を、カップからゆっくりひ
と口飲むと、からだの奥深
くから、すーっと癒されて
いくような感じがします。

材料
● フレッシュセージ……適量
● お湯……適量

作り方
1 ポットにセージを入れ、お湯を注
  ぐ。お砂糖は入れず、ストレート
  でぜひ、味わってみてください。

セージヴィネガー

材料
フレッシュセージ……5 本
りんご酢……500ml

セージヴィネガーを作って常備しておくと、オリーブオイルと塩と合わせて、蒸し野菜用のおいしいソ　スを、手早く作ることができます。

作り方

1 セージはよく洗って、水気をすっかりふき取る。

2 保存瓶にセージを入れ、りんご酢を注ぐ。カビを防ぐため、セージが完全に酢に浸るようにすること。そのまま、1 週間寝かせる。

すっきりした香りとほのかな苦み

殺菌作用と防腐作用をもち、肉料理の臭み消しにも使われる。風邪の引き始めに、症状をやわらげる効果も。

きんもくせい

きんもくせいの花を混ぜた中国茶、桂花茶は、甘い香りを楽しむお茶としてよく知られています。桂花陳酒は、白ワインにきんもくせいの花を漬け込んだお酒。甘く香り高いお酒です。家庭でも、気軽に楽しめるきんもくせいの香りのレシピです。

きんもくせいのお茶

ウーロンティの香りに、華やかな花の香りを加えて。

材料
きんもくせいの花……適宜
ウーロン茶葉……適宜

作り方
1 ウーロン茶葉にきんもくせいの花を混ぜ、熱いお湯を注ぐ。

きんもくせいのお酒

陶然とするような香りのお酒です。甘い香りは食後酒にピッタリ。

作り方
1 きんもくせいの花は、枯れた花などを取りのぞき、軽く水ですすぐ。
2 ザルに取って水気をきり、ペーパータオルの上にのせて、さらによく水気を取る。
3 保存瓶にグラニュー糖、ホワイトリカー、きんもくせいの花を入れ、時々瓶をゆすりながら寝かせる。1ヵ月たったら、花をこして、保存。

材料
● きんもくせいの花
　……1カップ
● 氷砂糖……150g
● ホワイトリカー……500ml

初秋を告げる甘い香り

強く甘い香りが、気持ちをリラックスさせ、ゆったりとくつろがせてくれます。体を温める効果も。

ローズやシナモン、ペパーミント、ナッツやレモンなど、いろんな香りのゼラニウムがありますが、ローズゼラニウムの香りの成分には、不安定な気持ちを鎮めて気分を高揚させる効果があるといわれています。

ローズゼラニウム

ローズゼラニウムの
シロップ

ローズゼラニウムのシロップは、色がほとんどないので、ローズヒップティのティバッグできれいなピンク色に仕上げます。

材料
- フレッシュローズゼラニウムの花と葉　合わせて……30g
- グラニュー糖……250g
- ローズヒップティのティバッグ……1個
- 水……500ml

作り方
1 ローズゼラニウムの花と葉は、よく洗い、ザルに取り、水気をきる。
2 鍋に水とグラニュー糖を入れ、とかし、沸騰したら、ローズゼラニウムの花と葉、ローズヒップティのティバッグを鍋に入れすぐに火を止める。
3 火からおろし、冷めるまで、そのまま置いておく。
4 冷めたら、ザルなどでこし、清潔な保存瓶に入れて、できあがり。冷蔵庫で保存する。

ローズゼラニウムのシロップの水割り

ローズゼラニウムのシロップ大さじ2をミネラルウォーター（炭酸ガス入り）100mlと氷で割る。

女性に好まれるやわらかな香り
バラを思わせる香りが、気分をリラックス、リフレッシュさせてくれます。気分を明るくする効果も。

ローズゼラニウムの
お酒

シロップにホワイトリカーをプラスして、ローズゼラニウムのお酒に。シロップと間違えないよう、こちらはローズヒップティで色をつけずに透明のままで。

材料
- フレッシュローズゼラニウムの花と葉　合わせて……30g
- グラニュー糖……250g
- 水……500ml
- ホワイトリカー……250ml

作り方
1 ローズゼラニウムの花と葉は、よく洗い、ザルに取り、水気をきる。
2 鍋に水とグラニュー糖を入れ、とかし、沸騰したら、ローズゼラニウムの花と葉を鍋に入れすぐに火を止める。
3 火からおろし、冷めるまで、そのまま置いておく。
4 冷めたら、ザルなどでこし、ホワイトリカーを注ぎ、清潔な保存瓶に入れて、できあがり。冷蔵庫で保存する。

ミックスハーブ

庭やベランダのコンテナで、ハーブを何種類か育てておくと、とても便利です。フレッシュハーブのお茶、シロップやお酒は、その豊かな香りと成分で、こころとからだを、深いところから癒し、元気にしてくれるすばらしい力をもっています。

フレッシュレモングラスとミントのティ

レモンよりも強く香るレモングラスに、爽やかなミントをミックスしたハーブティは、気分転換にピッタリ。

材料
フレッシュレモングラス……適量
フレッシュミントの葉……適量

作り方
1 くるりと結んだレモングラスとミントをポットに入れ、熱湯を注ぐ。
1～2分蒸らして、できあがり。
レモングラスは3センチくらいに刻んで入れてもよい。

ハーブの香りをかぐことと飲むことの相乗効果
ハーブの香り成分は、嗅覚の神経経路を通って脳に届き、やさしいアロマ効果をもたらします。水溶性の成分は、消化管から吸収され、薬効をもたらします。こころとからだの両方に届く、自然の恵みがハーブです。

いろいろハーブのお酒

ポーランドのお酒、スピリタスはアルコール度数が96度もある強いお酒。ハーブの成分がぎゅっとお酒に移り、すばらしい香りになります。好みのハーブを好きなようにブレンドして。ソーダ割りにすると、口当たりがよすぎて、ついつい飲みすぎてしまうので、お客様にすすめるときは、ご注意を。

作り方

● フレッシュミント……30g
● フレッシュバジル……20g
● フレッシュローズマリー……2枝
● フレッシュ月桂樹の葉……5〜6枚
● フレッシュベルガモット……3枝
● フレッシュローズ
　ゼラニウムの葉……7〜8枚
● スピリタス……500ml
● グラニュー糖……200g
● 水……1L

材料

1 ハーブは、きれいに洗い、水気をよくふき取る。

2 すべてのハーブとスピリタスを保存瓶に入れ、3〜4日冷蔵庫で寝かす。室温に置くと色が悪くなるので、必ず冷蔵庫に入れること。

3 鍋にグラニュー糖と水を入れ、火にかけ、グラニュー糖を完全にとかしてシロップを作る。

4 ハーブを入れたスピリタスは3〜4日後には鮮やかなグリーンに色づいているので、ここに冷ましたシロップを注ぎ、よくふって、1日冷蔵庫で寝かす。

5 2日目に、ザルでこして、できあがり。保存は冷蔵庫で。

左から、桃のジャム、ぶどうのシロップ、ブルーベリーのジャム、あんずのジャム、いちごのジャム、ぶどうのシロップ、バタフライピーのシロップ、キウイフルーツのジャム、ミントのシロップ。

フルーツジャムの簡単ドレッシング

ジャムでドレッシング！というと、「えっ？甘いドレッシング〜？」と、びっくりされる方も多いようですが、季節のフルーツで手作りしたジャムを加えると、酢の尖った酸味がまるくなり、果実の風味が加わってとてもおいしいドレッシングができます。いろんなジャムのドレッシングを数種類用意すれば、毎日飽きずにおいしく生野菜が食べられます。にんじんや、魚介、グリーンサラダなど、素材によく合うドレッシングとの組み合わせを3種類ご紹介します。この組み合わせの他にも、軽くローストしたくるみを加えたりんごのサラダには、りんごのジャムを加えたドレッシング、紫キャベツのせん切りに塩をして軽く水気を絞り、くるみとチーズを加えて、いちごジャムのドレッシングで和える等、子供からお年寄りまで、間違いなく気に入ってもらえるサラダとドレッシングの組み合わせが、まだまだたくさんあるので、見つけてみてくださいね。

基本のフルーツジャムのドレッシング

瓶にジャムが少し残っていたら、そのまま酢とオイルと塩・こしょうを加えて、蓋をして瓶を上下にふり、試しにドレッシングを作ってみてください。

基本の材料
- ●好みのジャム……大さじ3
- ●好みのお酢……　大さじ5
- ●好みの植物性オイル……大さじ8
- ●塩、粗挽きこしょう……少々

作り方
1 すべての材料を瓶に入れ、しっかり蓋をして、思いっきりふってよく混ぜたらできあがり。冷蔵庫で約2週間保存可能。

マーマレードのドレッシングの
キャロット・ラペ風
にんじんのリボンサラダ

常備菜として定番になりつつあるフランスのお惣菜、キャロット・ラペ。せん切りにしたにんじんに、塩・こしょう、オレンジジュースとオリーブオイルを合わせて作りますが、手作りマーマレードのドレッシングで和えるだけで、とてもおいしくできます

材料（2人分）
- ●マーマレード……大さじ2
- ●米酢……大さじ2
- ●グレープシードオイル……大さじ4
- ●塩、粗挽きこしょう……少々
- ●にんじん……小1本

作り方
1 にんじんをピーラーでリボン状にする。グラインダーでせん切りにしてもよいが、リボン状にすると、華やかでボリュームも出て、おもてなし料理にピッタリ。

2 手作りマーマレードドレッシングで和える。

3 イタリアンパセリやバジルを飾れば、カラフルでいっそうおいしそうに。

＊かぶと生ハム、カマンベール
チーズを薄切りにして盛り付
け、ローストしたくるみを砕い
て散らし、いちじくのジャムの
ドレッシングをまわしかけても
おいしいです。

キウイフルーツジャムのドレッシングの
ホタテとかぶのカルパッチョ
• •

ホタテや白身魚のお刺身と、フルーツジャムの
ドレッシングを用意すれば、おもてなしにピッ
タリなインスタ映え（笑）するカルパッチョが
あっという間にできます。色合いがとてもきれ
いなので、ホームパーティではお客様にも大好
評。必ずレシピを聞かれる1品です。冷たくし
た白ワインが進むこと間違いなし。

材料（4人分）
● キウイフルーツのジャム……大さじ3
● オリーブオイル……大さじ8
● 白バルサミコ酢……大さじ5
● 塩、粗挽きこしょう……少々
● かぶ……3個
● 生ホタテお刺身用……8個
● ブロッコリースプラウト……1パック

作り方

1 かぶは、ピーラーで皮をむいて薄切りにする。

2 ホタテは横半分にスライスする。

3 ブロッコリースプラウトは、さっと洗って半
分に切り、水気をよくきる。

4 大皿に、かぶとホタテを交互にリース状に並
べる。お客様が来られるまで、ラップをして
冷蔵庫で冷やしておく。

5 お客様にお出しする直前にキウイフルーツ
ジャムのドレッシングをまわしかけブロッコ
リースプラウトを散らす。

いちごジャムのドレッシングの
ベビーリーフとプチトマトのサラダ
• •

やわらかで食べやすいベビーリーフにプチトマ
トを散らし、いちごジャムのドレッシングでい
ただきます。お子様にも食べやすいサラダです。

材料（4人分）
● いちごジャム……大さじ3
● オリーブオイル……大さじ8
● ワインヴィネガー……大さじ5
● 塩、粗挽きこしょう……少々
● ベビーリーフ……1パック
● プチトマト……10個

作り方

1 ベビーリーフを洗って、しっかり水気を
きっておく。

2 プチトマトは洗って半分に切る。

3 いちごジャムのドレッシングでサラダの材
料をざっと和え、好みで加減できるように
残りのドレッシングを添える。

フルーツジャムで簡単アフタヌーンティ

お友だちを自宅にお招きしたり、また、お友だちから招いていただいたり。自宅を活用したおつきあいは、よい点が多いと思います。子供が学校へ行っている間の束の間の時間、ママ友とランチ会を兼ねて、アフタヌーンティを楽しんでいます。自宅で集まれば急に幼稚園や学校から呼び出されても安心です。いっぽうで、友だちを自宅にお呼びするとなると、たとえそれが気の張らないランチであっても、メニューは何にしよう？ デザートは？ やっぱり手作りでなくてはダメかしら？ などと、考えているうちに、気が重くなったりしがちです。そこで、おすすめはアフタヌーンティ。手作りフルーツジャムが数種類あれば、気軽に準備できます。正式なアフタヌーンティには、いろいろな決まりごとがありますが、私がよく作るのは次の3種類です。①スコーン（フードプロセッサーで材料を混ぜて、生地を冷蔵庫で寝かしておき、お客様が来る頃を逆算して焼き立てスコーンを出せば間違いなく喜んでいただけます）②サンドイッチまたはオープンサンド（市販のサンドイッチも、ケーキスタンドに盛り付ければ華やかです）③水切りヨーグルトのヴァリーヌ（ヴァリーヌはグラス仕立ての意味）。 サンドイッチなど、食事っぽいものは下の段に、甘いデザートはいちばん上の段に並べ、食べる順番は「下から上へ」が基本です。決まりごとがあると、逆に、あれこれ悩む必要がなくて便利です。また、親しいお友だちとのお楽しみの会ですから、決まりごとを厳密に守らなければならない、ということもないのでラクです。あとは、香りのよい紅茶を準備しておくだけ。余力があれば、アフタヌーンティの定番、ジャムを挟んだヴィクトリアンサンドイッチケーキを用意します。

桃のジャムを添えた
水切りヨーグルトのヴァリーヌ仕立て
●●●●●●●●●●●●●●●●●●●●●●●●●●●●
ボウルにざるをのせ、ペーパータオルを敷きこみ、プレーンヨーグルトを入れて、数時間水切りする。まるでフランスのフレッシュチーズ、フロマージュ・ブランのような濃厚な味に。煮るときに、バニラビーンズを入れてバニラの風味を付けた桃のジャムを使うと、どこかのパティシエが作ったかと思うほどのリッチなグラスデザートになります。

いちごジャムの
ヴィクトリアンサンドイッチケーキ

• •

ヴィクトリアンサンドイッチケーキは、繁栄を極めた
19 世紀イギリスのヴィクトリア女王が好んだといわれ
るケーキです。シンプルで飾り気のないケーキは、飽き
ない味です。

材料

（分量は 16cm の丸いケーキ型 1 個分）
● 薄力粉……120g
● ベーキングパウダー……小さじ 2
● 塩……少々
● 無塩バター……120 g
● グラニュー糖……120 g
● 卵……2 個
● 牛乳……大さじ 1~3
● いちごジャム……大さじ 5~6

作り方

1 オーブンを 180℃に余熱しておく。

2 型に油を塗り、ケーキ型用紙か、オーブンペーパーを
敷き込んでおく。

3 ボウルにバターを入れ、ハンドミキサーでクリーム状
になるようかき混ぜる。

4 このボウルにグラニュー糖を 3 回に分けて入れなが
ら、かき混ぜる。

5 さらに割りほぐした卵を 2 回に分けながら入れ、かき混
ぜる。分離しないようじゅうぶんに混ぜる。

6 ふるった粉類を 3 回に分けて加え、ゴムベラでさっく
り混ぜる。

7 牛乳を少しずつ注ぎ、混ぜてなめらかな生地にする。

8 準備した型に流し入れ、表面を平らにならし、オーブ
ンの中段に入れて 180 度で 10 分焼き、150 度に温度
を下げて 10 分焼く。竹串をさして生地が付いてこな
ければ、焼きあがり。網の上で冷まし、粗熱が取れた
ら、型から出し、横半分にスライスして、ジャムを塗
り挟んでできあがり。粉砂糖を表面にふってもよい。

フルーツジャムを添えた
生クリームのスコーン

• •

バターを使わず、生クリームで作るスコーンは、しっと
りとした食感で、息子のお気に入りです。私はバターを
入れた、さっくりとしたスコーン (p25) が好き。みなさ
まは、どちらがお好きですか？

材料

（分量は直径 6 cm の丸型で抜いたもの約 4 ～ 5 個分）
● 薄力粉……220g
● ベーキングパウダー……小さじ 1 強
● 砂糖……30g
● 塩……少々
● 生クリーム……100ml

作り方

1 オーブンを 190℃に予熱しておく。

2 薄力粉とベーキングパウダー、砂糖、塩を合わせて、
ふるっておく。

3 2 に生クリームを加えて、ゴムベラでさっくり混ぜ、
ひとまとめにする。

4 のし台に打ち粉をして、麺棒などで平らにのし、厚さ
3cm くらいの長方形に形を整える。

5 冷蔵庫で最低 30 分、生地を寝かせる。

6 6cm の丸型で抜いて、天板にオーブンシートを敷い
て並べ、表面に牛乳を塗り、190 度のオーブンで 15
分ほど焼く。

フルーツジャムをチーズに添えて
....

ジャムとチーズは、とてもよく合います。酸味のある
クリームチーズには、キウイフルーツやブルーベリー
を、くせのある青カビのチーズには洋梨やぶどうの
ジャムを、コンテなどのマイルドなチーズには、梅ジャ
ムなど合わせるのが好きです。アフタヌーンティに加
える、ワインはもちろん、焼酎や泡盛のロックを飲む
ときのおつまみとしていかがでしょう？ ジャムのい
ろいろは、ルバーブ、ブルーベリー、黄梅、桃、青梅、
トマト、マーマレード。さくらんぼのコンフィも。

フルーツジャムでアイスクリーム

フルーツジャムを添えた
手作りアイスクリーム

● ●

季節の果物や、ほうじ茶の風味を効かせた、板前さんの
手作りアイスクリームが人気の料理屋さんがあります
が、甘さ控えめのあっさりした味とシャリシャリした食
感が、ご馳走の後のデザートには、かえって好まれるの
でしょう。いちご、桃、あんず、ブルーベリー、キウイ
フルーツなど、数種類のフルーツジャムがそろったら、
「お好みのジャムは？」と注文を聞いて、食後のアイス
クリームをサーブします。紅茶や緑茶、コーヒーはもち
ろん、ワインにもよく合う冷たいデザートが、食後のひ
とときをいっそう満ち足りたものにしてくれます。

材料
● 卵黄……1個
● 牛乳……200ml
● 生クリーム……200ml
● 砂糖……大さじ2

作り方

1 鍋に牛乳と生クリームを入れて火にかけ、混ぜながら
沸騰する直前まで温める。

2 ボウルに卵黄と砂糖を入れて、泡立て器でよく混ぜ、
そこに 1 で温めた牛乳と生クリームを少しずつ加え
て、泡立て器でよくかき混ぜる。

3 蓋のできる保存容器に移し、粗熱が取れたら蓋をして
冷凍庫に入れる。

4 冷凍庫に入れて1時間ほどして、周りから固まり始め
たらスプーンでザクザク混ぜる。全体が固まるまで、
混ぜる回数が多いほど、なめらかに仕上がるが、手作
りアイスクリームのシャリシャリした食感も、フルー
ツジャムのとろりとした食感を引き立てておいしい。

5 器にアイスクリームを盛り、好みのジャムを添える。

左ページの左から、さくらんぼのジャム、桃ジャム、いちごジャム、あんずジャム、ブルーベリージャム、キウイフ
ルーツジャムをかけたアイスクリーム。

フルーツジャムアイスクリームの
ビスケットサンド

流行りのビスケットサンドアイスクリームで
す。アイスクリームに好みのジャムをざっくり
混ぜ込み、冷凍庫で再度固めます。デッシャー
でアイスクリームを丸くすくい取り、1枚めの
ビスケットの上に置き、すぐに2枚めのビス
ケットをのせて、ぎゅっとサンドにして完成。
アイスクリームがとけないうちに、いただきま
しょう。ビスケットは、齧ったときにアイスク
リームといっしょにホロリと崩れる薄いタイプ
のものを選びます。東ハト・の『ハーベスト』が
おすすめです。

［ジャムとシロップの
カラフルかき氷］

夏休みには、息子からのリクエストで、「おうちかき
氷屋さん」を開店します。かき氷にかけるシロップを、
いろいろ用意しておくと楽しいです。息子のお友だち
の中には、手作りシロップよりも市販のシロップがい
い、という子もいるかもしれないと思い、メロンシロッ
プを買っておきましたが、いちばん人気は、手作りい
ちごシロップ（p23）をたっぷりかけた氷いちごでし
た。冷凍いちごで作る、いちごソース（p26）の「氷
いちご」も簡単にできて、しかもおいしいです。

ジャムとシロップのかき氷
••••••••••••••••••••••••••••••••
真夏の本格的な暑さがやってくると、アイスクリームよ
りも、キーンと冷たいかき氷の出番です。手作りしてス
トックしておいたフルーツジャムやシロップも、かき氷
にかけると、それぞれの風味が際立って、新鮮なおいし
さです。

材料
● 氷……適宜
● 好みのフルーツジャム、シロップ……適宜

作り方
1 かき氷器でかき氷を作り、好みのフルーツ
　ジャムやシロップをかける。

氷いちごを中心に、その奥
のキウイフルーツから時計
まわりに、あんずジャム、
青色のバタフライピーのシ
ロップ、桃のジャム、ぶど
うのシロップをかけたかき
氷。全6色、味も6通り。

田端永子
（たばたえいこ）

料理研究家・手芸家。幼少の頃から、手芸や料理が大好き。両親の影響で、暮らしを楽しむことが人生のテーマに。自宅や実家の庭でバラやハーブを育て、友人を招いてガーデンパーティやホームパーティを楽しむ。ライフスタイル・クリエーターとして「ふだんの生活」をおいしく楽しくするさまざまな提案が人気を集めている。近著に『リカちゃんお洋服BOOK もっとキラキラ！ ドレスアップ！』(主婦の友インフォス)。小さなお子様からお母様、お祖母様まで、永遠の少女たちを夢中にさせている。

新版 果実とハーブの
お酒とシロップ
ジャムとお茶とコンポート

2020年2月20日　第1刷発行

編　集	………	八月社
クリエイティブディレクション・写真		福岡将之
スタイリング	………	谷本櫻子 田端永子
イラスト	………	NAOMI
デザイン	………	桒田敬文
協　力	………	ル・プラン 越智千春 藤田みどり カフェ・ローズガーデン

＊本書は2010年4月20日　第1刷発行、
『こころとからだを元気にする 果実とハーブのお酒とシロップ ジャムとお茶とコンポート』の
レシピ数を増やして再編集したものです。

著　者　田端永子（たばたえいこ）
　　　　八月社（はちがつしゃ）

発行人　安藤 明

発　行　有限会社八月社
　　　　〒151-0061　東京都渋谷区初台1-17-13
　　　　TEL: 03-6300-9120

発　売　株式会社主婦の友社
　　　　〒112-8675　東京都文京区関口1-44-10
　　　　TEL: 03-5280-7551（販売）

印刷所　株式会社シナノパブリッシングプレス

本書の内容についてのお問い合わせは、
有限会社八月社（TEL: 03-6300-9120 または
e メール：ando@hachigatsusha.net）へお願いいたします。

©Hachigatsusha 2020 printed in Japan
ISBN978-4-07-341474-2

※落丁本、乱丁本はおとりかえいたします。お買い求めの書店か、
　主婦の友社販売部(TEL: 03-5280-7551)にご連絡ください。